湘西苗族
民间传统文化丛书
[第一辑]

汉译
苗族古歌
[第一册]

石寿贵◎编

中南大学出版社

# 总　序

刘昌刚

　　苗族是一个古老的民族，也是一个世界性的民族。据 2010 年第六次全国人口普查统计，我国苗族有 940 余万人，主要分布在贵州、湖南、云南、四川、广西、湖北、重庆、海南等省区市；国外苗族约有 300 万人，主要分布于越南、老挝、泰国、缅甸、美国、法国、澳大利亚等国家。

## 一

　　《苗族通史》导论记载：苗族，自古以来，无论是在文臣武将、史官学子的奏章、军录和史、志、考中，还是在游侠商贾、墨客骚人的纪行、见闻和辞、赋、诗里，都被当成一个神秘的"族群"，或贬或褒。在中国历史的悠悠长河中，苗族似一江春水时涨时落，如梦幻仙境时隐时现，整个苗疆，就像一本无字文书，天机不泄。在苗族人生活的大花园中，有着宛如仙境的武陵山、缙云山、梵净山、织金洞、九九洞以及花果山水帘洞似的黄果树大瀑布等天工杰作；在苗族的民间故事里，有着极古老的蝴蝶妈妈、枫树娘娘、竹简兄弟、花莲姐妹等类似阿凡提的美丽传说；在苗族的族群里，嫡传着槃瓠（即盘瓠）后世、三苗五族、夜郎子民、楚国臣工；在苗族的习尚中，保留着八卦占卜、易经卜算、古傩祭祀、老君法令和至今仍盛行着的苗父医方、道陵巫术、三峰苗拳……在这个盛产文化精英的民族中，走出了蓝玉、沐英、王宪章等声震全国的名将，还诞生了熊希龄、滕代远、沈从文等政治家、文学家、教育家。闻一多在《伏羲考》一文中认为延维或委蛇指伏羲，是南方苗之神。远古时期居住在东南方的人统称为夷，伏羲是古代夷部落的大首领。苗族人民中确实流传着伏羲和女娲的传说，清初陆次云的《峒溪纤志》载："苗人腊祭日报草。祭用巫，设女娲、伏羲位。"历史学家芮逸夫在《人类学集刊》上发表的《苗族洪水故事与伏羲、女娲的传说》中说："现代的人类学者经过实地考察，才得到这是苗族传说。据此，苗族全出于伏羲、女娲。他们本为兄妹，遭遇洪水，人烟断绝，仅此二人存。他们在盘古的撮合下，结为夫妇，绵延人类。"闻一多还写过《东皇太一考》，经他考证，苗族里的伏羲就是《九歌》里的东皇太一。

《中国通史》（范文澜著，人民出版社1981年版第1册第19页）载："黄帝族与炎帝族，又与夷族、黎族、苗族的一部分逐渐融合，形成春秋时期称为华族、汉以后称为汉族的初步基础。"远古时代就居住在中国南方的苗、黎、瑶等族，都有传说和神话，可是很少见于记载。一般说来，南方各族中的神话人物是"槃瓠"。三国时徐整作《三五历纪》吸收"槃瓠"入汉族神话，"槃瓠"衍变成开天辟地的盘古氏。

在历史上，苗族为了实现民族平等，屡战屡败，但又屡败屡战，从不屈服。苗族有着悠久、灿烂的文化，为中华文化的形成和发展做出了巨大贡献，在不同的历史阶段，涌现出了许多可歌可泣的英雄人物。

苗族不愧为中华民族中的一个伟大民族，苗族文化是苗族几千年的历史积淀，其丰厚的文化底蕴成就了今天这部灿烂辉煌的历史巨著。苗族确实是一个灾难深重的民族，却又是一个勤劳、善良、富有开拓性与创造性的伟大民族。苗族还是一个世界性的民族，不断开拓和创造着新的历史文化。

历史上公认的是，九黎之苗时期的五大发明是苗族对中国文化的原创性贡献。盛襄子在其《湖南苗史述略·三苗考》中论述道："此族（苗族）为中国之古土著民族，曾建国曰三苗。对于中国文化之贡献约有五端：发明农业，奠定中国基础，一也；神道设教，维系中国人心，二也；观察星象，开辟文化园地，三也；制作兵器，汉人用以征伐，四也；订定刑罚，以辅先王礼制，五也。"

苗族历史可以分为五个时期：先民聚落期（原始社会时期）、拓土立国期（九黎时期至公元前223年楚国灭亡）、苗疆分理期（公元前223年楚国灭亡至1877年咸同起义失败）、民主革命期（1872年咸同起义失败到1949年中华人民共和国成立）、民族区域自治期（1949年中华人民共和国成立至今）。相应地，苗族历史文化大致也可以分为五个时期，且各个时期具有不尽相同的文化特征：第一期以先民聚落期为界，巫山人进化成为现代智人，形成的是原始文化，即高庙文明初期；第二期以九黎、三苗、楚国为标志，属于苗族拓土立国期,形成的是以高庙文明为代表的灿烂辉煌的苗族原典文化;第三期是以苗文化为母本,充分吸收了诸夏文化,特别是儒学思想形成高庙苗族文化;第四期是苗族历史上的民主革命期(1872年咸同起义失败到1949年中华人民共和国成立),形成了以苗族文化为母本,吸收了电学、光学、化学、哲学等基本内容的东土苗汉文化与西洋文化于一体的近现代苗族文化;第五期是苗族进入民族区域自治期(1949年中华人民共和国成立至今),此期形成的是以苗族文化为母本,进一步融合传统文化、西方文化、当代中国先进文化的当代苗族文化。

## 二

苗族是我国一个古老的人口众多的民族,又是一个世界性的民族。她以其悠久的历史和深厚的文化而著称于世,传承着历史文化、民族精神。由田兵主编的《苗族古歌》,马学良、今旦译注的《苗族史诗》,龙炳文整理译注的《苗族古老话》,是苗族古代的编年史和苗族百科全书,也是苗族最主要的哲学文献。

距今7800—5300年的高庙文明所包含的不仅是一个高庙文化遗址,其同类文化遍布亚洲大陆,其中期虽在建筑、文学和科技等方面不及苏美尔文明辉煌,却比苏美尔文明早2300年,初期文明程度更高,后期又不像苏美尔文明那样中断,是世界上唯一一直绵延不断、发展至今,并最终创造出辉煌华夏文明的人类文明。在高庙文化区域的常德安乡县汤家岗遗址出土有蚩尤出生档案记录盘。

苗族人民口耳相传的"苗族古歌"记载了祖先"蝴蝶妈妈"及蚩尤的出生:蝴蝶妈妈是从枫木心中变出来的。蝴蝶妈妈一生下来就要吃鱼,鱼在哪里?鱼在继尾池。继尾古塘里,鱼儿多着呢!草帽般大的瓢虫,仓柱般粗的泥鳅,穿枋般大的鲤鱼。这里的鱼给她吃,她好喜欢。一次和水上的泡沫"游方"(恋爱)怀孕后生下了12个蛋。后经鹤宇鸟(有的也写成鸡宇鸟)悉心孵养,12年后,生出了雷公、龙、虎、蛇、牛和苗族的祖先姜央(一说是龙、虎、水牛、蛇、蜈蚣、雷和姜央)等12个兄弟。

《山海经·卷十五·大荒南经》中也记载了蚩尤与枫树以及蝴蝶妈妈的不解之缘:"有宋山者,有赤蛇,名曰育蛇。有木生山上,名曰枫木。枫木,蚩尤所弃其桎梏,是为枫木。有人方齿虎尾,名曰祖状之尸。"姜央是苗族祖先,蝴蝶自然是苗族始祖了。

澳大利亚人类学家格迪斯说过："世界上有两个苦难深重而又顽强不屈的民族，他们就是中国的苗族和分散在世界各地的犹太民族。"诚如所言，苗族是一个灾难深重而又自强不息的民族。唯其灾难深重，才能在磨砺中锤炼筋骨，迸发出民族自强不屈的魂灵，撰写出民族文化的鸿篇巨制。近年来，随着国家民族政策的逐步完善，对寄寓在民族学大范畴下的民族历史文化研究逐步深入，苗族作为我国少数民族百花园中的重要一支，其悠远、丰厚的历史足迹与文化遗址逐步为世人所知。

　　苗族口耳相传的古歌记载，苗族祖先曾经以树叶为衣、以岩洞或树巢为家、以女性为首领。从当前一些苗族地区的亲属称谓制度中，也可以看出苗族从母权制到父权制、从血缘婚到对偶婚的演变痕迹。诸如此类的种种佐证材料，无不证明着苗族的悠远历史。苗族祖先凭借优越的地理条件，辛勤开拓，先后发明了冶金术和刑罚，他们团结征伐，雄踞东方，强大的部落联盟在史书上被冠以"九黎"之称。苗族历史上闪耀夺目的九黎部落首领是战神蚩尤，他依靠坚兵利甲，纵横南北，威震天下。但是，蚩尤与同时代的炎黄部落逐鹿中原时战败，从此开启了漫长的迁徙逆旅。

　　总体来看，苗族的迁徙经历了从南到北、从北到南、从东到西、从大江大河到小江小河，乃至栖居于深山老林的迁徙轨迹。五千年前，战败的蚩尤部落大部分南渡黄河，聚集江淮，留下先祖渡"浑水河"的传说。这一支经过休养生息的苗族先人汇聚江淮，披荆斩棘，很快就一扫先祖战败的屈辱和阴霾，组建了强大的三苗集团。然而，历史的车轮总是周而复始的，他们最终还是不敌中原部落的左右夹攻，他们中的一部分到达西北并随即南下，进入川、滇、黔边区。三苗主干则被流放崇山，进入鄱阳湖、洞庭湖腹地，秦汉以来不属王化的南蛮主支蔚然成势。夏商春秋战国乃至秦汉以降的历代正史典籍，充斥着云、贵、湘地南蛮不服王化的"斑斑劣迹"。这群发端于蚩尤的苗族后裔，作为中国少数民族的重要代表，深入武陵山脉心脏，抱团行进，男耕女织，互为凭借，势力强大，他们被封建统治阶级称为武陵蛮。据史料记载，东汉以来对武陵蛮的刀兵相加不可胜数，双方各有死伤。自晋至明，苗族在湖北、河南、陕西、云南、江西、湖南、广西、贵州等地辗转往复，与封建统治者进行了长期艰苦卓绝的不屈斗争。清朝及民国，苗族驻扎在云南的一支因战火而大量迁徙至滇西边境和东南亚诸国，进而散发至欧洲、北美、澳大利亚。

　　苗族遂成为一个世界性的民族！

# 三

苗族同胞在与封建统治者长期的争夺征战中，不断被压缩生存空间，又不断拓展生存空间，从而形成了其民族极为独特的迁徙文化现象。苗族历史上没有文字，却保存有大量的神话传说，他们有感于迁徙繁衍途中的沧桑征程，对天地宇宙产生了原始朴素的哲理认知。每迁徙一地，他们都结合当地实际，丰富、完善本民族文化内涵，从而形成了系列以"蝴蝶""盘瓠""水牛""枫树"为表象的原始图腾文化。苗族虽然没有文字，却有丰富的口传文化，这些口传文化经后人整理，散见于贵州、湖南等地流传的《苗族古歌》《苗族古老话》《苗族史诗》等典籍，它们承载着苗族后人对祖先口耳相传的族源、英雄、历史、文化的再现使命。

苗族迁徙的历程是艰辛、苦难的，迁徙途中的光怪陆离却是迷人的。他们善于从迁徙途中寻求生命意义，又从苦难中构建人伦规范，他们赋予迁徙以非同一般的意义。他们充分利用身体、语言、穿戴、图画、建筑等媒介，表达对天地宇宙的认识、对生命意义的理解、对人伦道德的阐述、对生活艺术的想象。于是，基于迁徙现象而产生的苗族文化便变得异常丰富。苗族将天地宇宙挑绣在服饰上，得出了天圆地方的朴素见解；将历史文化唱进歌声里，延续了民族文化一以贯之的坚韧品性；将跋涉足迹画在了岩壁上，应对苦难能始终奋勇不屈。其丰富的内涵、奇特的形式、隐忍的表达，成为这个民族独特的魅力，成为这个民族极具异禀的审美旨趣。从这个层面扩而大之，苗族的历史文化，便具备了一种神秘文化的潜在魅力与内涵支撑。苗族神秘文化最为典型的表现是巴代文化现象。从隐藏的文化内涵因子分析来看，巴代文化实则是苗族生存发展、生产生活、伦理道德、物质精神等文化现象的活态传承。

苗族丰富的民族传奇经历造就了其深厚的历史文化，但其不羁的民族精神又使得这个民族成为封建统治者征伐打压的对象。甚至可以说，一部封建史，就是一部苗族的压迫屈辱史。封建统治者压迫苗族同胞惯用的手段，一是征战屠杀，二是愚昧民众，历经千年演绎，苗族同胞之于本民族历史、祖先伟大事功，慢慢忽略，甚至抹杀性遗忘。

一个伟大民族的悲哀莫过于此！

# 四

历经苦难,走向辉煌。中华人民共和国成立后,得益于党的民族政策,苗族与全国其他少数民族一样,依托民族区域自治法,组建了系列具有本民族特色的少数民族自治机构,千百年被压在社会底层的苗族同胞,翻身当家做主人,他们重新直面苗族的历史文化,系统挖掘、整理、提升本民族历史文化,切实找到了民族的历史价值和民族文化自信。贵州和湖南湘西武陵山区一带,自古就是封建统治阶级口中的"武陵蛮"的核心区域。这一块曾经被统治阶级视为不毛之地的蛮荒地区,如今得到了国家的高度重视,中央整合武陵山片区4省市71个县市,实施了武陵山片区扶贫攻坚战略。作为国家区域大扶贫战略中的重要组成部分,武陵山区苗族同胞的脱贫发展牵动着党中央、国务院关注的目光。武陵山区苗族同胞感恩党中央,激发内生动力,与党中央同步共振,掀起了一场轰轰烈烈的脱贫攻坚世纪大战。

苗族是湘西土家族苗族自治州两大主体民族之一,要推进湘西发展,当前基础性的工作就是要完成两大主体民族脱贫攻坚重点工作,自然,苗族承担的历史使命责无旁贷。在这样的语境下,推进湘西发展、推进苗族聚集区同胞脱贫致富,就是要充分用好、用活苗族深厚的历史文化资源,以挖掘、提升民族文化资源品质,提升民族文化自信心;要全面整合苗族民族文化资源精华,去芜存菁,把文化资源转化为现实生产力,服务于我州经济社会的发展。

正是贯彻这样的理念,湘西土家族苗族自治州立足少数民族自治地区的民族资源特色禀赋,提出了生态立州、文化强州的发展理念,围绕生态牌、文化牌打出了"全域旅游示范区建设""国内外知名生态文化公园"系列组合拳,民族文化旅游业蓬勃发展,民族地区脱贫攻坚工作突飞猛进。在具体操作层面,州委、州政府提出了以"土家探源""神秘苗乡"为载体,深入推进我州文化旅游产业发展的口号,重点挖掘和研究红色文化、巫傩文化、苗疆文化、土司文化。基于此,州政协按照服务州委、州政府中心工作和民生热点难点的履职要求,组织相关专家学者,联合相关出版机构,在申报重点课题的基础上,深度挖掘苗族历史文化,按课题整理、出版苗族历史文化丛书。

人类具有社会属性,所以才会对神话故事、掌故、文物和文献进行著录和收传。以民族出版社出版、吴荣臻主编的五卷本《苗族通史》和贵州民族出版社出版的《苗族古歌》系列著作为标志,苗学研究进入了一个新的历史时期。

湘西土家族苗族自治州政协组织牵头的《湘西苗族民间传统文化丛书》是苗疆文化的主要内容和成果。它不但整理译注了浩如烟海的有关苗疆的历史文献，出版了史料文献丛书，还记录整理了苗族人民口传心录的苗族古歌系列、巴代文化系列等珍贵资料，并展示了当代文化研究成果。

　　党的十八大以来，以习近平同志为核心的党中央，以"一带一路"倡议为抓手，不断推进人类命运共同体建设，以实现中华民族伟大复兴的中国梦为目标，不断推进理论自信、道路自信、制度自信和文化自信。没有包括苗族文化在内的各个少数民族文化的复兴，也不会有完全的中华民族伟大复兴。

　　因此，从苗族历史文化中探寻苗族原典文化，发现新智慧、拓展新路径，从而提升民族文化自信力，服务湘西生态文化公园建设，推进精准扶贫、精准脱贫，实现乡村振兴，进而实现湘西现代化建设目标，善莫大焉！

　　此为序！

2018 年 9 月 5 日

# 专家序一

## 掀起湘西苗族巴代文化的神秘面纱

### 汤建军

2017 年 9 月 7 日,根据中共湖南省委安排,我在中共湘西州委做了题为"砥砺奋进的五年"的形势报告。会后,在湘西州社科联谭必四主席的陪同下,考察了一直想去的花垣县双龙镇十八洞村。出于对民族文化的好奇,考察完十八洞村后,我根据中共湖南省委网信办在花垣县挂职锻炼的范东华同志的热诚推荐,专程拜访了苗族巴代文化奇人石寿贵老先生,参观其私家苗族巴代文化陈列基地。石寿贵先生何许人也? 花垣县双龙镇洞冲村人。他是本家祖传苗师"巴代雄"第 32 代掌坛师、客师"巴代扎"第 11 代掌坛师、民间正一道第 18 代掌坛师。石老先生还是湘西州第一批命名的"非物质文化遗产(以下简称'非遗')保护"名录"苗老司"代表性传承人、湖南省第四批"非遗"名录"苗族巴代"代表性传承人、吉首大学客座教授、中国民俗学会蚩尤文化研究基地蚩尤文化研究会副会长、巴代文化学会会长。他长期从事巴代文化、道坛丧葬文化、民间习俗礼仪文化等苗族文化的挖掘搜集、整编译注及研究传承工作。一直以来,他和家人,动用全家之财力、物力和人力,经过近 50 年的全身心投入,在本家积累 32 代祖传资料的基础上,又走访了贵州、四川、湖北、湖南、重庆等周边 20 多个县市有名望的巴代坛班,通过本家厚实的资料库加上广泛搜集得来的资料,目前已整编译注出 7 大类 76 本

2500多万字及4000余幅仪式彩图的《巴代文化系列丛书》，且准备编入《湘西苗族民间传统文化丛书》进行出版。这7大类76本具体包括：第一类，基础篇10本；第二类，苗师科仪20本；第三类，客师科仪10本；第四类，道师科仪5本；第五类，侧记篇4本；第六类，苗族古歌14本；第七类，历代手抄本扫描13本。除了书稿资料以外，石寿贵先生还建立起了8000多分钟的仪式影像、238件套的巴代实物、1000多分钟的仪式音乐、此前他人出版的有关苗族巴代民俗的藏书200余册以及包括一整套待出版的《湘西苗族民间传统文化丛书》在内的资料档案。此前，他还主笔出版了《苗族道场科仪汇编》《苗师通书诠释》《湘西苗族古老歌话》《湘西苗族巴代古歌》四本著作。其巴代文化研究基地已建立起巴代文化的三大仪式、两大体系、八大板块、三十七种类苗族文化数据库，成为全国乃至海内外苗族巴代文化资料最齐全系统、最翔实厚重、最丰富权威的亮点单位。"苗族巴代"在2016年6月入选第四批湖南省"非遗"保护名录。2018年6月，石寿贵老先生获批为湖南省第四批非物质文化遗产保护项目"苗族巴代"代表性传承人。

走进石寿贵先生的巴代文化挖掘搜集、整编译注、研究及陈列基地，这是一栋两层楼的陈列馆，没有住人，全部都是用来作为巴代文化资料整编译注和陈列的。一楼有整编译注工作室和仪式影像投影室等，中堂为有关图片及字画陈列，文化气息扑面而来。二楼分别为巴代实物资料、文字资料陈列室和仪式腔调录音室及仪式影像资料制作室等，其中32个书柜全都装满了巴代书稿和实物，真可谓书山文海、千册万卷、博大精深、琳琅满目。

石老先生所收藏和陈列的巴代文化各种资料、物件和他本人的研究成果极大地震撼了我们一行人。我初步翻阅了石老先生提供的《湘西苗族巴代揭秘》一书初稿，感觉这些著述在中外学术界实属前所未闻、史无前例、绝无仅有。作者运用独特的理论体系资料、文字体系资料以及仪式符号体系资料等，全面揭露了湘西苗族巴代的奥秘，此书必将为研究苗族文化、苗族巴代文化学、中国民族学、民俗学、民族宗教学以及苗族地区摄影专家、民族文化爱好者提供线索、搭建平台与铺设道路。我当即与湘西州社科联谭必四主席商量，建议他协助和支持石老先生将《湘西苗族巴代揭秘》一书申报湖南省社科普及著作出版资助。经过专家的严格评选，该书终于获得了出版资助，在湖南教育出版社得到出版。因为这是一本在总体上全面客观、科学翔实、通俗形象地介绍苗族巴代及其文化的书，我相信此书一定会成为广大读者喜闻喜阅、喜欣喜爱的书，一定能给苗族历代祖先以慰藉，一定能更好地传播苗民族文化精华，一定能深入弘扬中华民族优秀传统文化。

2017 年 12 月 6 日，我应邀在中南大学出版社宣讲党的十九大精神时，我结合如何策划选题，重点推介了石寿贵先生的苗族巴代文化系列研究成果，希望中南大学出版社在前期积累的基础上，放大市场眼光，挖掘具有民族特色的文化遗产，积极扶持石老先生巴代文化成果的出版。这个建议得到了吴湘华社长及其专业策划团队的高度重视。2018 年 1 月 30 日，国家出版基金资助项目公示，由中南大学出版社挖掘和策划的石寿贵编著的《巴代文化系列丛书》中的 10 本作为第一批《湘西苗族民间传统文化丛书》入选。该《丛书》以苗族巴代原生态的仪式脚本(包括仪式结构、仪式程序、仪式形态、仪式内容、仪式音乐、仪式气氛、仪式因果等)记录为主要内容，原原本本地记录了苗师科仪、客师科仪、道师绕棺戏科仪以及苗族古歌、巴代历代手抄本扫描等脚本资料，建立起了科仪的文字记录、图片静态记录、影像动态记录、历代手抄本文献记录、道具法器实物记录等资料数据库，是目前湘西苗族地区种类较为齐全、内容翔实、实物彩图丰富生动的原生态民间传统资料，充分体现了苗族博大精深、源远流长的文化内涵和艺术价值，对今后全方位、多视角、深层次研究苗族历史文化有着极其重要的价值和深远的意义。

从《湘西苗族民间传统文化丛书》中所介绍的内容来看，可以说，到目前为止，这套《丛书》是有关领域中内容最系统翔实、最丰富完整、最难能可贵的资料了。此套书籍如此广泛深入、全面系统、尽数囊括、笼统纳入，实为古今中外之罕见，堪称绝无仅有、弥足珍贵，也是有史以来对苗族巴代文化的全面归纳和科学总结。我想，这既是石老先生和他的祖上及其家眷以及政界、学界、社会各界对苗族文化的热爱、执着、拼搏、奋斗、支持、帮助的结果，也体现出了石寿贵老先生对苗族文化所做出的巨大贡献。这套丛书将成为苗族传统文化保护传承、研究弘扬的新起点和里程碑。用学术化的语言来说，这 300 余种巴代科仪就是巴代历代以来所主持苗族的祭祀仪式、习俗仪式以及各种社会活动仪式的具体内容。但仪式所表露出来的仅仅只是表面形式而已，更重要的是包含在仪式里面的文化因子与精神特质。关于这一点，石寿贵老先生在《丛书》中也剖析得相当清晰，他认为巴代文化的形成是苗族文化因子的作用所致。他认为：世界上所有的民族和教派都有不同于其他民族的文化因子，比如佛家的因果轮回、慈善涅槃、佛国净土，道家的五行生克、长生久视、清静无为，儒家的忠孝仁义、三纲五常、齐家治国，以及纳西族的"东巴"、羌族的"释比"、东北民族的"萨满"、土家族的"梯玛"等，无不都是严格区别于其他民族或教派的独特文化因子。由某个民族文化因子所产生出来的文化信念，在内形成了该民族的观念、性格、素质、气节和精神，在外则形成了该民族的风格、习俗、形象、身份和标志。通过内外因素的共同作用，形成支撑该民族生生不息、发展壮大、繁荣富强的不竭动力。苗族巴代文化的核心理念是人类的"自我不灭"真性，在这一文化因子的影响下，形成了"自我崇拜"或"崇拜自我、维护自我、服务自我"的人类生存哲学体系。这种理论和实践体现在苗师"巴代雄"祭祀仪式的方方面面，比如上供时所说的"我吃你吃，我喝你喝"。说过之后，还得将供品一滴不漏地吃进口中，意思为我吃就是我的祖先吃，我喝就是我的祖先喝，我就是我的祖先，我的祖先就是我，祖先虽亡，但他的血液却在我的身上流淌，他的基因附在我的身上，祖先的化身就是当下的我，并且一直延续到永远，这种自我真性没有被泯灭掉。同时，苗师"巴代雄"所祭祀的对象既不是木偶，也不是神像，更不是牌位，而是活人，是舅爷或德高望重的活人。这种祭祀不同于汉文化中的灵魂崇拜、鬼神崇拜或自然崇拜，而是实实在在的、活生生的自我崇拜。这就是巴代传承古代苗族主流文化（因子）的内在实质和具体内容。无怪乎如来佛祖降生时一手指天，一手指地，所说的第一句话就是："天上地下，唯我独尊。"佛祖所说的这个"我"，指的绝非本人，而是宇宙间、世界上的真性自我。

石老先生认为，从生物学的角度来说，世界上一切有生命的动植物的活动都是维护自我生存的活动，维护自我毋庸置疑。从人类学的角度来说，人类的真性自我不生不灭，世间人类自身的一切活动都是围绕有利于自我生存和发展这个主旨来开展的，背离了这个主旨的一切活动都是没有任何价值和意义的活动。从社会科学的角度来说，人类社会所有的科普项目、科学文化，都是从有利于人类自我生存和发展这个主题来展开的，如果离开了这条主线，科普也就没有了任何价值和意义。从人类生存哲学的角度来说，其主要的逻辑范畴，也是紧紧地把握人类这个大的自我群体的生存和发展目标去立论拓展的，自我生存成为最大的逻辑范畴；从民族学的角度来说，每个要维护自己生生不息、发展壮大的民族，都要有自己强势优越、高超独特、先进优秀的文化来作支撑，而要得到这种文化支撑的主体便是这个民族大的自我。

石老先生还说，从维护小的生命、个体的小自我到维护大的人类、群体的大自我，是生物世界始终都绕不开的总话题。因而，自我不灭、自我崇拜或崇拜自我、服务自我、维护自我，在历史上早就成为巴代文化的核心理念。正是苗师"巴代雄"所奉行的这个"自我不灭论"宗旨教义，所行持的"自我崇拜"的教条教法，涵盖了极具广泛意义的人类学、民族学以及哲学文化领域中的人类求生存发展、求幸福美好的理想追求。也正是这种自我真性崇拜的文化因子，才形成了我们的民族文化自信，锻造了民族的灵魂素质，成就了民族的精神气节，才能坚定民族自生自存、自立自强的信念意识，产生出民族生生不息、发展壮大的永生力量。这就充分说明，苗族的巴代文化，既不是信鬼信神的巫鬼文化，也不是重巫尚鬼的巫傩文化，而是从基因实质的文化信念到灵魂素质、意识气魄的锻造殿堂，是彻头彻尾的精神文化，这就是巴代文化和巫鬼文化、巫傩文化的本质区别所在。

乡土的草根文化是民族传统文化体系的基因库，只要正向、确切、适宜地打开这个基因库，我们就能找到民族的根和魂，感触到民族文化的神和命。巴代作为古代苗族主流文化的传承者，作为一个族群社会民众的集体意识，作为支撑古代苗族生存发展、生生不息的强大的精神支柱和崇高的文化图腾，作为苗族发展史、文明史曾经的符号，作为中华民族文化大一统中的亮丽一簇，很少被较为全面系统、正向正位地披露过。

巴代是古代苗族祭祀仪式、习俗仪式、各种社会活动仪式这三大仪式的主持者，更是苗族主流文化的传承者。因为苗族在历史上频繁迁徙、没有文字、不属王化、封闭保守等因素，再加上历史条件的限制与束缚，为了民族的生存和发展，苗族先人机灵地以巴代所主持的三大仪式为本民族的显性文化表象，来传承苗族文化的原生基因、本根元素、全准信息等这些只可意会、不可言传的隐性文化实质。又因这三大仪式的主持者叫巴代，故其所传承、主导、影响的苗族主流文化又被称为巴代文化，巴代也就自然而然地成为聚集古代苗族的哲学家、法学家、思想家、社会活动家、心理学家、医学家、史学家、语言学家、文学家、理论家、艺术家、易学家、曲艺家、音乐家、舞蹈家、农业学家等诸大家之精华于一身的上层文化人，自古以来就一直受到苗族人民的信任、崇敬和尊重。

巴代文化简单说来就是三大仪式、两大体系、八大板块和三十七种文化。其包括了苗族生存发展、生产生活、伦理道德、物质精神等从里到表、方方面面、各个领域的文化。巴代文化必定成为有效地记录与传承苗族文化的大乘载体、百科全书以及活态化石，必定成为带领苗族人民从远古一直走到近代的精神支柱和家园，必定成为苗族文化的根、魂、神、质、形、命的基因实质，必定成为具有苗族代表性的文化符号与文化品牌；必定成为苗族优秀的传统文化、神秘湘西的基本要素。

石老先生委托我为他的丛书写篇序言，因为我的专业不是民族学研究，不能从专业角度给予中肯评价，为读者做好向导，所以我很为难，但又不好拒绝石老先生。工作之余，我花了很多时间认真学习他的相关著述，总感觉高手在民间，这些文字是历代苗族文化精华之沉淀，文字之中透着苗族人的独特智慧，浸润着石老先生及历代巴代们的心血智慧，更体现出了石老先生及其家人一生为传承苗族文化所承载的常人难以想象的、难以忍受的艰辛、曲折、困苦、执着和担当。

这次参观虽然不到两个小时，却发现了苗族巴代文化的正宗传人。遇见石老先生，我感觉自己十分幸运，亦深感自己有责任、有义务为湘西苗族巴代文化及其传人积极推荐，努力让深藏民间的优秀民族文化遗产能够公开出版。石老先生的心愿已了，感恩与我们一样有这种情结的评审专家和出版单位对《湘西苗族民间传统文化丛书》的厚爱和支持。我相信，大家努力促成这些书籍公开出版，必将揭开湘西苗族巴代文化的神秘面纱，必将开启苗族巴代文化保护传承、研究弘扬、推介宣传的热潮，也必将引发湘西苗族巴代文化旅游的高潮。

略表数言，抛砖引玉，是为序。

（作者系湖南省社会科学界联合会党组成员、副主席，湖南省省情研究会会长、研究员）

# 专家序二

罗康隆

　　我来湘西 20 年，不论是在学校，还是在村落，听到当地苗语最多的就是
"巴代"(分"巴代雄"与"巴代扎")。起初，我也不懂巴代的系统内涵，只知
道巴代是湘西苗族的"祭师"，但经过 20 年来循序渐进的认识与理解，我深
知，湘西苗族的"巴代"，并非用"祭师"一词就可以简单替代。

　　说实在的，我是通过《湘西苗族调查报告》和《湘西苗族实地调查报告》
这两本书来了解湘西的巴代文化的。1933 年 5 月，国立中央研究院的凌纯
声、芮逸夫来湘西苗区调查，三个月后凌纯声、芮逸夫离开湘西，形成了《湘
西苗族调查报告》(2003 年 12 月由民族出版社出版)。该书聚焦于对湘西苗
族文化的展示，通过实地摄影、图画素描、民间文物搜集，甚至影片拍摄，加
上文字资料的说明等，再现了当时湘西苗族社会文化的真实图景，其中包含
了不少关于湘西苗族巴代的资料。

　　当时，湘西乾州人石启贵担任该调查组的顾问，协助凌纯声、芮逸夫在
苗区展开调查。凌纯声、芮逸夫离开湘西时邀请石启贵代为继续调查，并请
国立中央研究院聘石启贵为湘西苗族补充调查员，从此，石启贵正式走上了
苗族研究工作的道路。经过多年的走访调查，石启贵于 1940 年完成了《湘西
苗族实地调查报告》(2008 年由湖南人民出版社出版)。在该书第十章"宗教
信仰"中，他用了 11 节篇幅来介绍湘西苗族的民间信仰。2009 年由中央民
族大学"985 工程"中国少数民族非物质文化研究与保护中心与台湾"中央研
究院"历史语言研究所联合整理，在民族出版社出版了《民国时期湘南苗族调
查实录(1～8 卷)(套装全 10 册)》，包括民国习俗卷、椎猪卷、文学卷、接龙
卷、祭日月神卷、祭祀神辞汉译卷、还傩愿卷、椎牛卷(上)、椎牛卷(中)、

椎牛卷(下)。由是，人们对湘西苗族"巴代"有了更加系统的了解。

我作为苗族的一员，虽然不说苗语了，但对苗族文化仍然充满着热情与期待。在我主持学校民族学学科建设之初，就将苗族文化列为重点调查与研究领域，利用课余时间行走在湘西的腊尔山区苗族地区，对苗族文化展开调查，主编了《五溪文化研究》丛书和《文化与田野》人类学图文系列丛书。在此期间结识了不少巴代，其中就有花垣县董马库的石寿贵。此后，我几次到石寿贵家中拜访，得知他不仅从事巴代活动，而且还长期整理湘西苗族的巴代资料，对湘西苗族巴代有着系统的了解和较深的理解。

我被石寿贵收集巴代资料的精神所感动，决定在民族学学科建设中与他建立学术合作关系，首先给他配备了一台台式电脑和一台摄像机，可以用来改变以往纯手写的不便，更可以将巴代的活动以图片与影视的方式记录下来。此后，我也多次邀请他到吉首大学进行学术交流。在台湾"中央研究院"康豹教授主持的"深耕计划"中，石寿贵更是积极主动，多次对他所理解的"巴代"进行阐释。他认为湘西苗族的巴代是一种文化，巴代是古代苗族祭祀仪式、习俗仪式、各种社会活动仪式这三大仪式的主持者，是苗族文化的传承载体之一，是湘西苗族"百科全书"的构造者。

巴代文化成为苗族文化的根、魂、神、质、形、命的基因实质。这部《湘西苗族民间传统文化丛书》含7大类76本2500多万字及4000余幅仪式彩图，还有8000多分钟仪式影像、238件套巴代实物、1000多分钟仪式音乐等，形成了巴代文化资料数据库。这些资料弥足珍贵，以苗族巴代仪式结构、仪式程序、仪式形态、仪式内容、仪式音乐、仪式气氛、仪式因果为主要内容进行记录。这是作者在本家32代祖传所积累丰厚资料的基础上，通过近50年对贵州、四川、湖南、湖北、重庆等省市周边有名望的巴代坛班走访交流，行程达10万多公里，耗资40余万元，竭尽全家之精力、人力、财力、物力，对巴代文化资料进行挖掘、搜集与整理所形成的资料汇编。

这些资料的样本存于吉首大学历史与文化学院民间文献室，我安排人员对这批资料进行了扫描，准备在2015年整理出版，并召开过几次有关出版事宜的会议，但由于种种原因未能出版。今天，它将由中南大学出版社申请到的国家出版基金资助出版，也算是了结了我多年来的一个心愿，这是苗族文化史上的一件大好事。这将促进苗族传统文化的保护，极大地促进民族精神的传承和发扬，有助于加强、保护与弘扬传统文化，对落实党和国家加强文化大发展战略有着特殊的使命与价值。

（作者为吉首大学历史文化学院院长、湖南省苗学学会第四届会长）

# 概　述

　　《湘西苗族民间传统文化丛书》以苗族巴代原生态的仪式脚本(包括仪式结构、仪式程序、仪式形态、仪式内容、仪式音乐、仪式气氛、仪式因果等)记录为主要内容,原原本本地记录了苗师科仪、客师科仪、道师绕棺戏科仪以及苗族古歌、巴代历代手抄本扫描等脚本资料,建立起了科仪文字记录、图片静态记录、影像动态记录、历代手抄本文献记录、道具法器实物记录等资料数据库,为抢救、保护、传承、研究这些濒临灭绝的苗族传统文化打牢了基础,搭建了平台,提供了必需的条件。

　　巴代是古代苗族祭祀仪式、习俗仪式、各种社会活动仪式这三大仪式的主持者,也是苗族主流文化的传承载体之一。古代苗族在涿鹿之战后因为频繁迁徙、分散各地、没有文字、不属王化、封闭保守等因素,形成了具有显性文化表象和隐性文化实质这二元文化的特殊架构。基于历史条件的限制与束缚,为了民族的生存和发展,苗族先人机灵地以巴代所主持的三大仪式为本民族的显性文化表象,来传承苗族文化的原生基因、本根元素、全准信息等这些只可意会、不可言传的隐性文化实质。因为三大仪式的主持者叫巴代,故其所传承、主导、影响的苗族主流文化又被称为巴代文化,巴代也就自然而然地成为聚集古代苗族的哲学家、史学家、宗教家等诸大家之精华于一身的上层文化人,自古以来就一直受到苗族人民的信任、崇敬和尊重。

　　巴代文化简单说来就是三大仪式、两大体系、八大板块和三十七种义化。其包括了苗族生存发展、生产生活、伦理道德、物质精神等从里到表、方方面面各个领域的文化。巴代文化必定成为有效地记录与传承苗族文化的大乘载体、百科全书以及活态化石，必定成为带领苗族人民从远古一直走到近代的精神支柱和家园，必定成为苗族文化的根、魂、神、质、形、命的基因实质；必定成为具有苗族代表性的文化符号与文化品牌，必定成为苗族优秀的传统文化之一、神秘湘西的基本要素。

苗族的巴代文化与纳西族的东巴文化、羌族的释比文化、东北民族的萨满文化、汉族的儒家文化、藏族的甘朱尔等一样，是中华文明五千年的文化成分和民族文化大花园中的亮丽一簇，是苗族文化的本源井和柱标石。巴代文化的定位是苗族文化的全面归纳、科学总结与文明升华。

近代以来，由于种种原因，巴代文化濒临灭绝。为了抢救这种苗族传统文化，笔者在本家 32 代祖传所积累丰厚资料的基础上，又通过近 50 年以来对贵州、四川、湖南、湖北、重庆等省市周边有名望的巴代坛班走访交流，行程 10 多万公里，耗资 40 余万元，竭尽全家之精力、人力、财力、物力，全身心投入巴代文化资料的挖掘、搜集、整编译注、保护传承工作中，到目前已形成了 7 大类 76 本 2500 多万字及 4000 余幅仪式彩图的《湘西苗族民间传统文化丛书》(以下简称《丛书》)有待出版，建立起了《丛书》以及 8000 多分钟的仪式影像、238 件套的巴代实物、1000 多分钟的仪式音乐等巴代文化资料数据库。该《丛书》已成为当今海内外唯一的苗族巴代文化资源库。

7 大类 76 本 2500 多万字及 4000 余幅仪式彩图的《丛书》在学术界也称得上是鸿篇巨制了。为了使读者能够在大体上了解这套《丛书》的基本内容，在此以概述的形式来逐集进行简介是很有必要的。

这套洋洋大观的《丛书》，是一个严谨而完整的不可分割的体系，按内容属性可分为 7 大类型，具体如下：

第一类：基础篇，共 10 本。分别是：《许愿标志》《手诀》《神符》《巴代法水》《巴代道具法器》《文疏表章》《纸扎纸剪》《巴代音乐》《巴代查病书》《湘西苗族民间传统文化丛书通读本》。

第二类：苗师科仪，共 20 本。分别是：《接龙》(第一、二册)，《汉译苗师通鉴》(第一、二、三册)，《苗师通鉴》(第一、二、三、四、五、六、七、八册)，《苗师"不青"敬日月车祖神科仪》(第一、二、三册)，《敬家祖》，《敬雷神》，《吃猪》，《土昂找新亡》。

第三类：客师科仪，共 10 本。分别是：《客师科仪》(第一、二、三、四、

五、六、七、八、九、十册）。

第四类：道师科仪，共 5 本。分别是：《道师科仪》（第一、二、三、四、五册）。

第五类：侧记篇，共 4 本。分别是：《侧记篇之守护者》《巴代仪式图片汇编》《预测速算》《傩面具图片汇编》。

第六类：苗族古歌，共 14 本。分别是：《古杂歌》，《古礼歌》，《古阴歌》，《古灰歌》，《古仪歌》，《古玩歌》，《古堂歌》，《古红歌》，《古蓝歌》，《古白歌》，《古人歌》（第一、二册），《汉译苗族古歌》（第一、二册）。

第七类：历代手抄本扫描，共 13 本。

本套《丛书》的出版将为抢救、保护、传承、研究这些濒临灭绝的苗族传统文化打牢基础、搭建平台和提供必需的条件；为研究苗族文化，特别是研究苗族巴代文化学、民族学、民俗学、民族宗教学等，以及这些学科的完善和建设做出贡献；为研究、关注苗族文化的专家学者以及来苗族地区的摄影者提供线索与方便。《丛书》的出版，将有力地填补苗族巴代文化学领域里的空缺和促进苗族传统文明、文化体系的完整，使苗族巴代文化成为中华民族文化大花园中的亮丽一簇。

**石寿贵**
2019 年秋于中国苗族巴代文化研究中心

# 目　录

## 古玩歌卷

# 古礼歌卷

# 古灰歌卷

本卷包括天地自然的传说、开始有人的传说、创造万物的传说、人类祖先的传说、苗族先人的传说、部落纷争的传说、打食人魔的传说、迁徙经历的传说、迁徙简唱等从远古到近古的一些事象内容，对于研究苗族的迁徙、发展史以及苗族人思想中的天地万物观念有着极其重要的作用和深远的意义。

# 第一章　天地自然的传说

**1.**

今日，今日上苍，今日上苍紫微高照，
今天，今天世间，今天世间日吉时良。

今日，今日聚了，今日聚了五方的亲，
今天，今天齐了，今天齐了六处的眷。

今日，今日齐了，今日齐了人多人众，
今天，今天聚了，今天聚了人众人群。

今日，今日齐了，今日齐了男男女女，
今天，今天聚了，今天聚了三班老少。

外公，外公外婆，外公外婆也都到了，
舅娘，舅娘舅爷，舅娘舅爷也都齐了。

姑娘，姑娘姑爷，姑娘姑爷也都到了，
姊妹，姊妹女儿，姊妹女儿也都齐了。

还有，还有我们，还有我们房族人等，
以及，以及我们，以及我们兄弟叔伯。

苗胞，苗胞齐了，苗胞齐了七十一兄，
苗族，苗族到了，苗族到了八十二弟。

齐了，齐了一十，齐了一十二支二系，
到了，到了一百，到了一百四十八姓。

五姓，五姓大族，五姓大族苗名苗姓，
七姓，七姓苗胞，七姓苗胞好父好子。

大家，大家欢喜，大家欢喜来到堂中，
也都，也都欢笑，也都欢笑来临堂内。

人人，人人也都，人人也都欢天喜地，
个个，个个都是，个个都是喜笑颜开。

是人，是人也都，是人也都喜在心里，
大家，大家都是，大家都是笑在脸面。

是人，是人都是，是人都是喜中爱中，
大家，大家都是，大家都是心满意足。

欢喜，欢喜来到，欢喜来到此堂此间，
喜悦，喜悦来临，喜悦来临此地此处。

女人，女人也都，女人也都无忧无虑，
男人，男人也都，男人也都放心落肠。

2.
今天是个好日子，好个日子好吉缘。
要讲古老的根由，要说远古的根源。

3.
一年难选的月份，一月难选的日子，
今天日子好得很，荣华富贵有望头。

4.

今天众人都到，今日大家都齐。
今天男女都到，今日老少都临。
今天哥兄都来，今日父子都到。
来了五路好亲，到了六路好客。
舅爷岳母都来，姑娘姊妹都到。
朋友三四都来，亲戚六眷都临。
大家都聚到了这里，大众都齐来到此间。
喜在脸目，笑在脸面。
喜在心中，悦在肚内。
欢天喜地，喜笑颜开。
取长补短，和睦和谐。

5.

人们选得黄道，主家择得吉日。
选得定日，择得成日。
算得紫微高照，择得吉星光临。
一年最好就是今月，一月最好就是今天。
最好的吉星，最吉的良辰。

6.

亲戚六眷都拢来，朋友三四都来齐。
要讲古老话根源，要唱古代的根基。

7.

齐了很多的高贤，到了很多的高才。
大家来把古根探，要理古代的根源。

8.

今天主家的亲眷来到这里，今日主人的贵客来临此间。
坐在一起围成圆圈，聚在一处喜气盈门。
女宾美丽漂亮，男宾帅气非凡。
大家都是聪明才子，大众皆是伶俐佳人。
通今博古，知书达礼。
天文你们知晓，地理你们知全。

9.

今天要唱祖宗的歌，今日要讲祖先的话。
要理古代的根，要讲古老的话。

大家都是通今达古，大众皆是知礼高才。

龙孙龙子，虎孙虎儿。

男人学得祖宗留下的古根古话，女人学会祖先教会的花卉刺绣。

大家都是能说会讲之辈，大众都是嘴舌灵便之人。

古歌要请你们来唱，古话要请你们来说。

有请你们快点来唱，有迎你们快些来说。

大家洗耳恭听，大众注目恭闻。

10.

香炉，香炉焚烧，香炉焚烧蜂蜡纸团，
香碗，香碗燃烧，香碗燃烧蜂蜡糠烟。

再要，再要奉敬，再要奉敬纸钱冥币，
加上，加上还有，加上还有冥币阴钱。

敬送，敬送苗族，敬送苗族先宗先祖，
烧送，烧送苗胞，烧送苗胞先辈先人。

今日，今日要唱，今日要唱祖先的歌，
今天，今天要讲，今天要讲古老的话。

祖先，祖先的歌，祖先的歌九十九章，
古老，古老的话，古老的话九十九篇。

九十，九十九章，九十九章我唱一章，
九十，九十九篇，九十九篇我讲一篇。

先祖，先祖逝去，先祖逝去已成千古，
先人，先人走了，先人走了已过万代。

男儿，男儿我们，男儿我们忘了歌谱，
女儿，女儿我们，女儿我们丢了针线。

从前，从前人讲，从前人讲我照着讲，
古代，古代人说，古代人说我照着说。

人讲，人讲直的，人讲直的我讲直的，
人唱，人唱曲的，人唱曲的我说曲的。

若是，若是不对，若是不对敬请莫谈，
若是，若是离谱，若是离谱也请原谅。

不对，不对不要，不对不要摆在心里，
离谱，离谱不要，离谱不要放在心内。

若是，若是唱歪，若是唱歪请莫怒心，
若是，若是讲偏，若是讲偏请莫怒肠。

是人，是人都要，是人都要把心放宽，
大家，大家都要，大家都要宽宏大量。

堂中，堂中请莫，堂中请莫高声喧哗，
堂内，堂内请莫，堂内请莫大声嘈杂。

大家，大家抬耳，大家抬耳要来听歌，
大众，大众关注，大众关注要来听话。

11.

众人推举让我先起，大家谦虚让我先说。
众人好情我也领了，大家好意我也领会。
今天要唱古代的歌，今日要讲古老的话。
要讲前人根基，要理远古源头。

12.

苗族古歌九十九种，苗家古话九十九类。
古代的根九十九条，远古的源九十九道。
苗族古歌九十九种，今天我是只理一种。
苗家古话九十九类，今日我是只讲一类。

古代的根九十九条，今天我是只理一条。
远古的源九十九道，今日我是只走一道。
我是愚蠢之人，吾乃无学之辈。

13.

女子我们没有学得祖先的花卉刺绣，
男儿我们没有学得祖宗的古歌古话。
捡前人说的，照古人讲的。
前人讲直的，我照讲直的。
古人讲弯的，我照说弯的。
讲多几句你们莫恼，讲少几句大家莫怪。
讲对就对，讲偏就偏。
若是不对大家不要多心，若是偏了你们不要在意。
说偏之言弃在他乡，讲错之语抛去别地。

14.

要把古时的歌赞，从前的话讲一点。
要讲古时的祖先，要理古代的根源。

15.

地下天上尽乌黑，黑风云雾一团子。
没有三光和日月，千种百样都没有。

16.

三十七种元光现，三十六样的清白。
共同合成混沌界，混沌凝固一团也。
凝成一尊好达变，固出一个元祖爷。

17.

古时原来很奇异，古代原先很神奇。
没有天也没有地，天地混沌做一排。
混沌凝固成一气，好似云烟做一团。

18.

乌云黑雾凝得快，固成一团在空间。
凝成数千数百万，固成达变这人仙。
达变成人云雾散，青气轻些飞上天。

19.

青气轻些飞上天，黑气沉成地壳子。
达变这才坐起来，眼看什么都没有。
四十九个跟斗打得快，待在那里成许久。

20.

元始，元始之期，元始之期没有大地，
始初，始初之时，始初之时没有苍天。

大地，大地没有，大地没有山川土石，
苍天，苍天没有，苍天没有日月辰星。

宇宙，宇宙都是，宇宙都是蓝雾漫漫，
世间，世间都是，世间都是黑气腾腾。

蓝雾，蓝雾经久，蓝雾经久凝成一块，
黑气，黑气经久，黑气经久聚成一团。

一块，一块固成，一块固成盘古达毕，
一团，一团固成，一团固成元古达变。

达毕，达毕他蒙，达毕他蒙九千亿年，
达变，达变他昏，达变他昏九万亿载。

冷风，冷风慢慢，冷风慢慢将他吹醒，
凉气，凉气慢慢，凉气慢慢将他化灵。

吹醒，吹醒他才，吹醒他才翻身坐起，
化灵，化灵他才，化灵他才翻身坐立。

坐起，坐起他便，坐起他便三揉双眼，
坐立，坐立他便，坐立他便三拭双目。

双眼，双眼三揉，双眼三揉不见有光，
双目，双目三拭，双目三拭不见有亮。

远古，远古达毕，远古达毕九十九滚，
元古，元古达变，元古达变九十九变。

九滚，九滚滚出，九滚滚出九千丈高，
九变，九变变出，九变变出九万丈长。

头顶，头顶蓝雾，头顶蓝雾升空为天，
脚踏，脚踏黑气，脚踏黑气下沉为地。

蓝雾，蓝雾升腾，蓝雾升腾成了太空，
黑气，黑气下沉，黑气下沉成了大地。

达毕，达毕顶开，达毕顶起开了苍天。
达变，达变踏平，达变踏平劈了大地。

21.
左掌化出神斧砍，右掌化出神斧板。
砍去左后边一面，后面砍出陆地来。
举斧从上砍下来，劈成凡间大世界。
砍去左边成一片，一片宽大地陆显。
右边一掌劈一现，右边世界便成块。
苗歌如此说一遍，不知合那书本全。

22.
大地无踪影，太空无边际。
大地无影无形，上天无日无月。
合在一起，混做一团。
无极太空只是灰云，始初大地只是黑雾。
白天黑夜不分，春夏秋冬不明。
过了很久，经历很长。
灰云终究混在一块，黑雾终于混为一团。
灰云凝成达毕始祖，黑雾固化达变元祖。

**23.**

达毕始祖，昏睡九千九万年之久，
达变元祖，蒙眬九万九千载之长。
灰云终于把他吹醒，黑雾终究把他吹动。
造就龙首人身，滚了九十九个跟斗。
化生麟角人体，打了九十九个翻身。
盘腿坐起，支撑坐立。
睁开眼目不见光明，睁开眼睛不见光亮。

**24.**

他便挥动左掌，舞动右掌。
左掌砍上，右掌劈下。
一掌砍向身后，砍出北方玄武。
二掌劈向前方，劈出南方朱雀。
三掌砍向东方，砍出东方青龙。
四掌劈向西方，劈出西方白虎。
好似鸡卵砍破成了三四块，好像鸭蛋劈破裂成八九片。
灰云飞上，黑雾沉下。
灰云飞上成了天上的云，黑雾沉下成了大地山川。

**25.**

大地，大地有杆，大地有杆岩秤土秤，
世间，世间有把，世间有把铁秤钢秤。

岩秤，岩秤土秤，岩秤土秤称去天涯，
铁秤，铁秤钢秤，铁秤钢秤称去地角。

天涯，天涯下踏，天涯下踏成了岩土，
地角，地角塌陷，地角塌陷成了江河。

岩土，岩土生出，岩土生出化生乾坤，
江河，江河化现，江河化现现出世界。

岩土，岩土化生，岩土化生起震乾坤，
江河，江河化现，江河化现塌陷海湖。

乾坤，乾坤出现，乾坤出现崇山峻岭，
世界，世界形成，世界形成峡谷江河。

呼吸，呼吸成了，呼吸成了风云烟雾，
喷嚏，喷嚏成了，喷嚏成了云朵云层。

26.

开成地壳黑漫漫，地上也是漫漫黑。
没有三光日月现，好似居坐深洞穴。
坐在地上把气叹，当真不知如何的。

27.

天上的歌唱一阵，地下的话讲一点。
开成上天闹热很，劈成地下闹热欢。
彭苟大王坐得稳，打死大王剥皮来。
用皮挂成天周正，做成天上如锅盘。

28.

彭苟打死割剐分，即便分割从他起。
腿骨拿来撑天擎，同骨撑上天云里。
眼睛拿作日月星，发作植被骨作山。
鲜血四下流走盈，流下灌成四海水。
不是乱讲话妄昏，古时就说这种理。

29.

达毕元祖，达变元宗。
元祖混沌历时很久，元宗昏蒙经过很长。
白毛黑毛布满躯体，黄毛红毛长遍全身。
天上没有日月星斗，从来没有见到光亮。
无法造化万类万物，不能造生胎卵湿化。
元祖身高九十九万丈高，元宗身长九十九万丈长。

30.

元祖左眼变成太阳之火，元宗右眼化为月亮之光。
满脸的麻点变成星斗，满面的麻斑化为星辰。
天上的太阳大放光辉，太空的月亮大放光芒。
于是天空才有星星，这样太空才有星辰。

元祖骨肉化成世间的万物，元宗毛发变成世间的万类。
精血骨肉，躯体毛须。
变成竹木花草，变成森林植物。
大地形成高山陡岭，平原有了海河湖泊。
世间有了蚊虫百兽，天下有了千类动物。

31.

瑶池小伙与姑娘，两位一起笑呵呵。
姑娘光亮十分强，小伙光亮十分足。
达变走到瑶池望，看见两个很和睦。
便请他们把地亮，两个不肯分别出。

32.

达变紧来讲好话，好言好语都讲完。
你们两人要听话，快做日月照人间。
不要分开一年久，每月会合两三天。
二人这才分开手，男的当月女当日。

33.

女做太阳她害羞，凡间的人都看她。
她在瑶池不说话，确实害羞不是假。
达变送她四十九根银针拿在手，
哪个抬眼呆看就扎得他眼睛花。

34.

天浮地沉分两面，天地两边才分别。
达变中间把眼看，不见光亮只有黑。
请得日月把光现，凡间才显出旷野。

35.

太阳照来大地亮，明亮见到地广宽。
没有山岭和山岗，没有土地和石岩。
才有达毕瞬间现，满那大地装不完。
达变看见害怕极，举起神斧把他劈。

36.

打死告毕遍地满，遍地都是他尸骨。
用他骨头来做山，毛发做树髻为竹。
肉为大地的土块，骨在里面为岩坨。

**37.**

往上竖起是左手，手上五指大得很。
五根手指竖得直，成那高山和陡岭。
衡山生得如筷子，华山好像扫把形。
泰山很高生成就，生就五岳大山成。

**38.**

右手放下戳大地，五指戳出五个眼。
水流下海有缘意，耐心听我讲出来。
血在身里先流去，四海五湖都灌满。

**39.**

地上，地上有了，地上有了大坪大地，
天上，天上还没，天上还没日月星辰。

化生，化生它才，化生它才长得大大，
化变，化变它才，化变它才长得高高。

脚踩，脚踩大地，脚踩大地头顶上苍，
足踏，足踏江山，足踏江山头过云层。

眨眼，眨眼就是，眨眼就是雷神开眼，
睁目，睁目就是，睁目就是雷打火闪。

左眼，左眼成了，左眼成了天上太阳，
右眼，右眼成了，右眼成了太空月亮。

目光，目光成了，目光成了天上星星，
余光，余光化成，余光化成三光发亮。

地上，地上有了，地上有了大坪大地，
天上，天上有了，天上有了日月星辰。

**40.**

化生，化生元子，化生元子先天小小，
化变，化变元素，化变元素始初细细。

先天，先天小小，先天小小比如菜籽，
始初，始初细细，始初细细比如菜种。

菜籽，菜籽遇风，菜籽遇风渐渐膨起，
菜种，菜种遇雾，菜种遇雾慢慢膨胀。

膨起，膨起大过，膨起大过高山峻岭，
膨胀，膨胀胀如，膨胀胀如江海湖泊。

胡须，胡须长密，胡须长密成草成花，
毛发，毛发长高，毛发长高成树成林。

青青，青青绿绿，青青绿绿满山遍野，
密密，密密麻麻，密密麻麻满坡满岭。

百草，百草花木，百草花木满山满岭，
森林，森林大树，森林大树满坪满地。

41.
化生，化生身躯，化生身躯生出虱子，
化变，化变身上，化变身上长满跳蚤。

虱子，虱子生出，虱子生出满身满体，
跳蚤，跳蚤长来，跳蚤长来满躯满遍。

满身，满身密密，满身密密满了身躯，
遍体，遍体麻麻，遍体麻麻满遍躯壳。

成群，成群成了，成群成了蚂蚁蝼蚁，
结队，结队成了，结队成了飞禽走兽。

天上，天上变成，天上变成百鸟飞禽，
地下，地下成了，地下成了百虫蛇蝎。

住满，住满水域，住满水域满海满湖，
坐满，坐满陆地，坐满陆地满山满地。

水中，水中才有，水中才有鱼虾水产，
陆地，陆地才有，陆地才有百虫鸟兽。

42.

　　剐分达毕在凡间，这样才成山水有。
　　天上有了日月现，植物植被有开头。
　　凡间的人还不见，地上无人把路走。

43.

　　敬请听我把歌叙，听我歌郎把歌吟。
　　过去古老出怪异，过去从前做这等。
　　没有凡尘和天地，天地伙成一团轻。
　　看往左边是黑气，右边一面无光明。
　　仡楼生冷做日汇，二十四个日月精。
　　晒熔岩土和百类，时常热像铁水淋。
　　水里没有虾和鱼，没有人坐在凡尘。
　　没有花草和植被，没有草木在土生。
　　山中没有动物类，飞禽走兽都绝影。
　　得术、得干在深地，母父二人都忧心。
　　才用神弓射日去，二十二个射落坑。
　　只留两个照天地，古代射日的根源。

44.

　　要按古时的歌说，讲那从前的日子。
　　天上一十二个月，一十二个太阳有。
　　晒干海河成旷野，岩板晒化像熔油。
　　竹木花草晒死绝，凡间的人晒熔死。

45.

　　晒热地皮到深处，高干、告术晒巴了。
　　小人这才崩地出，小人从内忙出跑。
　　看天没有见云雾，巴得实在很难熬。

46.

　　古时最高马杉树，长高一直登到天。

格接看见凡尘苦，上马杉树射日来。
一十一个他射落，一十一个射落完。

47.

要留一个照天地，一日一月照凡阳。
凡间这才能种地，凡间的人要日光。
是人都来为生计，凡尘的人又生养。

48.

射落日月才下树，下树回转到凡间。
日血滴污马杉树，月血滴下把树染。
马杉果子有血毒，古代传说是这般。

49.

日月伤心把树压，压马杉树长得矮。
从前长高登天下，果箭上树惹的灾。
一十一个全射下，只留一个在上天。

50.

古时格接去射月，从前格接去射日。
太阳罚他受灾惹，月掐他缩三截收。
坐在凡尘叹气说，肚肠缩小像疯子。

51.

太阳晒下热凡间，月照凡间凉得很。
凡间的人又出来，耕种生产上山岭。
欢心喜笑又开颜，欢笑开颜热在心。

52.

从前天上作盅，古代太空作怪。
有了一十二个太阳，出了一十二个日头。
陆地烤熔土岩，水域烤干海湖。
晒得百草皆死，烤得竹木枯干。
世间也坐不住，凡尘也坐不成。
晒透深层地中，烤遍所有地处。

53.

人们喊得格节来观，人才请得恪热去看。
格节从马杉树上去，格热从马杉枝上去。
去砍日柱，去斩月柱。砍成很久，斩成多日。

血淋落染马杉树果，血滴染红马杉树皮。
马杉树果成了紫色，马杉树皮成了红色。

54.

砍了一十一根太阳柱，斩了一十一根月亮柱。
天上只有一个太阳，太空只留一个月亮。
格节被惩缩成小虫，格热被罚成了甲虫。
马杉树被压弯了，马杉枝被压曲了。

# 第二章　世间有人的传说

**1.**

从前，从前大地，从前大地没有大地，
古代，古代太空，古代太空没有太空。

大地，大地没有，大地没有山水岩土，
太空，太空没有，太空没有星辰日月。

大地，大地有粒，大地有粒阴种阴子，
太空，太空有枚，太空有枚阳种阳素。

阴种，阴种阴子，阴种阴子隐隐化生，
阳种，阳种阳素，阳种阳素约约化现。

化生，化生化出，化生化出胎卵众类，
化现，化现化出，化现化出浮化众生。

胎卵，胎卵生出，胎卵生出阴阳胚子，
浮化，浮化化出，浮化化出两性胚芽。

胚子，胚子生出，胚子生出有形龙鲤，
胚芽，胚芽化出，胚芽化出有相鳞鱼。

龙鲤，龙鲤才生，龙鲤才生后生龙父，
鳞鱼，鳞鱼才化，鳞鱼才化后来鳞母。

龙父，龙父麟母，龙父麟母相辅相爱，
麟母，麟母龙父，麟母龙父相成相亲。

相爱，相爱才生，相爱才生苗父苗子，
相亲，相亲才生，相亲才生客兄客弟。

才有，才有白人，才有白人黑人满天，
才有，才有黄人，才有黄人凡人满地。

白人，白人黑人，白人黑人发满世界，
黄人，黄人青人，黄人凡人住遍乾坤。

2.

开了天地没人坐，没人居住在凡间。
达变化生儿两个，男是偷胎女偷太，两个两位化生来。
凡间开始有人坐，歌唱古代的根源。

3.

要把从前的歌造，照着前人的歌言。
祖公缪晚婆缪叫，两个两位生头胎。
凡间才有人种到，人坐这才满凡间。

4.

阿公偷胎婆偷太，二人恩爱坐一起。
恩爱三劫儿才见，四个劫数生儿女。
生了儿子来见面，缪晚缪叫出生齐。

5.

缪晚缪叫成家人，他们这才生儿子。
一胎两个就出生，名叫内棍和玛苟。
以后生出许多人，客子苗儿满地有。

6.

大地没有人居，天下没有众生。
大地那时只有一只达变豆，天下那时只有一只达变柔。
达变豆，达变柔。
热天他热，冷天他冷。
晴天他干，雨天他湿。

受冷受热，受干受湿。

亦胀亦枯，亦冷亦热。

膨胀变化，时序渐进。

他才在化在变，他才在生在发。

阳性生发偷胎始祖，阴性化生偷太元祖。

阳性化生生出始祖，阴性变生生出元祖。

阴性是女，阳性是男。

这样大地开始有男有女，如此天下开始有公有婆。

7.

偷胎始祖，偷太元祖。

白天为阳，黑夜为阴。

阴阳开始交错，男女开始相爱。

性别才生太祖缪晚，性爱才育太母缪叫。

额头凸凸，眼眶凹凹。

有发有毛，有尾有翅。

阳性渐盛，阴性渐旺。

缪晚太祖，缪叫太婆，

才生人形似猿，才养人形如猴。

似猿来生来养，如猴来养来育。

来生来养白人黑人，来养来育黄人凡人。

大地有人来居，天下有众来住。

子时有天，丑时有地。

寅时有人，卯时有众。

# 第三章　创造万物的传说

1.

世间没有火烧，人间没有火烤。
世间没有火种，人间没有火煮。
热天居在林荫，冷天住木丛林。
热天居在山洞，冷天住在岩洞。
热天吃那野果，冷天吃那树果。
冬天吃那河鱼，冷天吃那猎肉。

2.

要讲从前的古根，要唱古代的根源。
猎得野肉吃生吞，吃果吃菜度日年。
凡间没有烟火生，没有火煮的时代。

3.

吃草树皮居洞穴，打得猎物就生吞。
猎得野兽就生吃，吃完一口的血腥。
古代生活留传记，四季没有烟火生。

4.

雷公劈树闪火星，闪光闪亮有火焚。
响声抖动大山震，是人看见都忘昏。
过后钻木取火星，钻木得火到凡尘。

5.

钻那大木得火种，取得火种烧起来。
打得猎物在山中，抬回有那火烤煎。
捉得鱼虾在竹笼，烧在火中味香甜。

6.

女人下河捞鱼，男人上山撵肉。
吃生吃冷，吃毛吃血。
热天天炎水热，冷天地冻天寒。
用那干木拿来搓眼，用那硬木拿来钻孔。
搓眼出了火籽，钻孔出了火烟。
世间才得火籽来烧，人间才得火种来烤。
世间才有火籽来煮，人间才有火种来熬。

7.

凡间有了火种子，凡尘得到火种燃。
烧烤熟食好胃口，烤暖身子到脚板。
烤火一身热悠悠，冬季不再愁冷挨。

8.

世间有了火烤，人间有了火烧。
烤了人身温暖，烧了才有温热。
生的食物烧了好喝，冷的食物烤了好吃。
身子才得暖和，口中才得好吃。
烧到现在，烤到当今。

9.

古歌原就唱如此，讲那古代的根源。
那时的人像猴子，出来好像那猴猿。
身上没有衣遮羞，浑身上下长毛来。
好像人熊到处走，好脸好面不管天。

10.

从前的人没有衣穿，古代的人没有衣遮。
赤身裸体，一丝不挂。
身体生毛，如同野兽。
女不像女，男不像男，
历时很久，经过多时。

11.

剥那树皮来抽丝，教那女子织布新。
凡间才得衣遮羞，穿在身上好出门。
晚上再得被盖子，凡间人众喜盈盈。

**12.**

女人摘那树叶遮体，男人用那棕叶盖身。

树叶遮遍体，棕叶盖满身。

后来才又剥那树皮，之后才又剐那树衣。

树皮搓绳，树衣搓索。

搓绳连成块块，搓索织成片片。

连成块块披来遮身，织成片片用来盖体。

遮身得严，盖体得实。

遮身遮满，盖体盖遍。

**13.**

看见山野开那棉朵，瞧见山上开那棉花。

取回拿来搓成棉棒，摘回拿来搓成棉棍。

细搓搓成棉丝，再搓搓成棉线。

棉丝织成棉帛，棉线织成棉布。

组成宽匹，织成长匹。

棉布缝成衣穿，布匹缝成衣裳。

穿衣热身，着衣热体。

**14.**

姑娘提议把蚕养，这样才得绸布宽。

女人穿裙有花样，凡尘有衣身上穿。

生产耕种上山梁，世人大众都喜欢。

**15.**

织布从轩辕织起，是人世上始养蚕。

蚕子蚕娘把茧收，放入锅内煮起来。

水热马上把丝取，得那好丝织绸缎。

**16.**

人们发现山中蚕虫，后来看见山林丝虫。

丝虫有茧，蚕虫有丝。

织得蚕丝成了布匹，织起丝线成了绸缎。

宽的布匹，长的绸缎。

丝绸缝成衣服，绸缎缝成衣裳。

绸衣保温，绸缎美样。

17.

穿了衣服才知父，过去之时不认母。
古时从前是糊涂，人性好似猴子粗。
现在才把真情述，不知合不合古书。

18.

穿上衣服才知礼，知母知父知亲疏。
妯娌先讲姐妹起，脏话不能乱讲出。
姑娘子女说真的，讲话一点不糊涂。

19.

棉花拿去栽种，蚕虫拿去饲养。
人间这才有丝有线，世上这才有布有帛。
种棉种到如今，养蚕养到现在。

20.

野外棉花有两样，两样都在野外生。
野花舍弃在山上，棉花来种培土根。
把那花朵采来纺，纺纱成线织布新。
世上的人穿身上，是人崇拜轩辕尊。

21.

从前时候吃那野果，古代的人吃那野食。
女人下河捕鱼，男人上山撵肉。
捕鱼也得，撵肉也获。
得生吃生，得枯吃枯。
吃了很久，经历多时。

22.

野谷坐在高山内，米祖坐在大山头。
找那野果忙忙去，世人找那野果食。
看见米穗似狗尾，看在眼里拿在手。
小米掰在衣襟内，看来实在黄油油。

23.

猎狗上山撵肉，追赶跑去满山遍野。
放狗出去理味，到处跑遍野岭荒山。
狗毛带得野生谷种，狗尾带得野生小米。
回来掉在洞外，转来落在洞前。

24.

被那山风来吹，受那细雨来淋。
膨胀发芽，生出秧苗。
七月熟了旱谷，八月熟了米穗。
吃到口中很香，嚼在嘴内很甜。

25.

古人拿来播在土中，先民拿去种在地里。
世上才有米饭来吃，人间才得五谷杂粮。
世上有了谷种，人间有了粮吃。

26.

头天找着是小米，采得一把带回来。
搓好就把壳吹飞，煮在锅里黄灿灿。
试吃一口在嘴内，感觉味道真香甜。

27.

谷祖天天去山上，有时也上到山顶。
火红大穗是高粱，穗大粒粒都壮登。
摘得一穗用口尝，吃在口中香得很。

# 第四章　人类祖先的传说

1.

雷神的歌唱一回，天神的话讲一番。
依照前人的书记，要照从前的书载。

2.

雷神天神做兄弟，他们两个好朋友。
好似同娘生一对，相亲相爱不长久。
天神妻子病床内，一病不起断气死。
留下子女小年纪，灾星缠住难出头。

3.

从前之时好朋友，之后才成了冤仇。
赊吃赊喝名声丑，租田种地起巧由。
雷公飞在云上头，要劈天神送他死。
飞到屋顶滑倒后，天神捉住雷神休。

4.

捉住关在铁仓内，要去远方找盐腌。
找盐腌他才解气，雷公最怕的是盐。

5.

一对儿女未懂事，雷神好话总来说。
要和小儿讨火籽，瓜种交换火才得。
得火劈破铁仓口，霹雳一声飞出也。
瓜种种在地里头，马上发芽结果也。
瓢泼大雨总不休，坐在瓜内免死客。

6.

雷公得火人人怕，讨得火籽显威风。

电光一闪震一下，劈破铁仓显英雄。
乌天黑地雨落大，九天十夜下得凶。
水淹人间山洪压，天下几乎绝人种。

7.

凡间世上人死完，只剩兄长和小妹。
天神回来不忍看，总要二人做夫妻。
都是古典话留传，不知真假如何的。

8.

讲到从前的古，说到古代的话。
古时有个雷神，人们叫他告松。
古代有个天神，人们叫他告大。
告松和告大是好朋友，告大和告松是好兄弟。

9.

雷神是个粗人，人粗人直做事也直。
天神是个巧人，人巧人乖做事也巧。
他们两个相交，后来成了朋友。
交了很久，过了多时。

10.

天神的妻子染了灾星，他的老婆患了灾难。
告大的老婆得了恶病，告大的女人染了恶疾。
三天两早不见好转，三日两夜没有好病。
一命呜呼，死入黄泉。

11.

灾不乱起，祸不单行。
当时缺了伙食来盘，少了盘财来葬。
告大才和告松去借，告大去和雷神去赊。
借得谷子，赊得粮食。
盘妻子去埋，抬夫人去葬。
留下一个小女，丢下一个幼儿。

12.

有借有还，理所当然。
告大去向告松租地耕，告松才把田地租给他。
种田得谷来交租粮，种地得粮来交地租。

**13.**

天神问话告松，他把话头先说：
"租粮交你头穗，或是要交根蔸？"
雷神便要头穗，认为谷穗才能养身。
天神便种红薯，他把土地栽那土豆。
到了秋收薯藤交给雷神，到了八月雷公只得豆秆。
二年告大再问告松，开春告大再来问话：
"租粮你要头穗还是根块，你要根块还是头穗？"
告松才讲——
"不要藤秆我要根块，不要穗子要那根蔸。"
告大把田拿去插秧，告大把地拿种稻谷。
收时告松只得稻草，秋后雷公只得藤条。

**14.**

三年告大再问告松，开春告大再来问话：
"你要头子或要尾子，你要根下或要穗头？"
告松又讲——
"头子尾子我都要，尾子头子我都拿。"
告大租田去种苞谷，告大租地去种玉米。
收时送那告松苞谷秆，秋后雷公只得玉米蔸。

**15.**

租了三年，种了三载。
雷神只得秆秆藤藤，天神他收苞谷米粮。
雷神发气要杀天神，告松发怒要劈告大。

**16.**

雷神是那粗人强人，天神是那巧人乖人。
天神知雷神要劈他，把那滑皮盖在屋顶。
告大知告松要杀他，才把滑块铺在瓦面。
雷神拿斧拿凿，告松腾云驾雾。
驾那乌云黑云，骑那黑驴红马。

**17.**

雷公飞到天神屋顶，告松飞临告大屋上。
还未站稳他便滑倒，还没站定他就滚下。
天神用那网绳来套，告大用那网袋来装。

告松掉下就被套了，雷公落地就被抓住。
拿去关在铜仓里面，把他关在铁库之内。
雷公再狠他也无奈，告松再强他也无法。
无奈只有挨捆，无法只有被关。

18.

从前的歌听人唱，古代的话听人言。
哪个赶上古时代，留歌留话在此传。

19.

雷公手拿一把斧，右手拿得一把凿。
飞到屋顶站不住，滚倒下去被人捉。
关在铁仓的黑屋，再要找盐把他卤。
雷公吓得打抖缩，听到腌他魂飞出。

20.

天神出门去找盐，找盐要来腌雷公。
两个兄妹守屋来，交代不要把火送。
天神出门路途远，雷公吓得骨软恋。
雷公讨火来点烟，柴头火棒也要送。
拿得柴棒吹哆嗦，炸雷一鸣上太空。

21.

雷公劈破铁仓库，飞上天空炸猛雷。
倾盆大雨不停住，凡尘世上如海水。
兄妹骑瓜水涨浮，这才逃脱死神追。

22.

天神闻听才忘昏，赶快回家跑得急。
世上没有了人民，断绝人种不可以。
才要兄妹来成婚，兄妹商议不可为。

23.

才上山顶滚磨盘，滚下磨盘合成整。
劈竹两块射下山，射到山脚合一根。
天意兄妹配姻缘，从前古代的古根。

24.

兄妹二人做夫妻，脸红兄又鼓眼睛。
孕生肉团有根基，割成小块成百姓。

世上人民又兴起，发达发旺坐满人。

25.

要讲从前的祖宗，要说古代的先人。
傩娘她是天神的小女，傩公他是告大的长男。
天神关得雷公在那铁仓，告大关得告松在那铁库。
要去挑盐来腌，要用盐来浸泡。
交代女儿守屋，吩咐儿子看门。
他讲什么都不要听，他讨什么都不要送。

26.

天神出门就去挑盐，告大出去走向他方。
告松在那仓里乞讨，雷公在那库内乞求：
"老弟小妹，送个火籽烧烟。"
求了很久，乞了多时。
小妹取那柴火去给，小弟取那炭头去送。
告松吹燃柴头，雷公吹烧火炭。
霹雳一声，天地震动。
劈开铜仓，打碎铁库。
飞上太空，跳上天云。

27.

乌天黑地不止，倾盆大雨不住。
下了九天之久，泼了十夜之久。
凡间水淹成湖，凡尘水涨成海。
凡间人不能居，凡尘人不能住。
人们都淹死了，人众都淹死完。

28.

两个娃儿，一对兄妹。
大哥带小妹，兄长引小女。
哭天喊地，痛哭失声。
天意结出一个南瓜，缘分寻得一个大瓜。
兄妹双双骑在瓜上，手牵着手抱在瓜中。
水涨瓜涨，水消瓜落。
这样才保一对男女，如此才留一双兄妹。

29.

凡间的人死光，凡尘的人死完。
天神挑盐回到家中，告大从外回到家内。
训斥一对兄妹，责怪一双男女：
"你们不该送他火籽，你们送火他才跑脱。
如今人都死完，天意要让你们来做人种。
凡尘没了人坐，天缘要送你们繁衍人类。"
哥哥开口，妹妹开言：
"我们是人，又是兄妹。
如何做得人种？怎能做得夫妻？"

30.

天神才讲这是天意，告大才说这是天数。
要去东山顶上去抛竹块，要去南山顶上去滚磨盘。
竹子两块上到山脚合成一根，
磨盘两扇滚下山脚合成一副。
天意这样打消顾虑，天数如此免除异说。
男女配成一对，兄妹配成姻缘。

31.

兄长就是傩公，小妹就是傩娘。
傩公羞得灰红了脸，傩母幼稚她笑眯眯。
成了夫妻同居一块，相亲相爱睡在一床。
怀孕生出怪胎，分娩生那肉团。
怪胎像那磨岩，肉团似那磨盘。
傩公才用利刀来切，兄长才用利刃来割。
切成长块，割成长片。
拿去挂在岩板石上，拿去挂在树木竹枝。
拿去挂在田坎地头，拿去挂在桃李树丫。
挂在岩块化出石姓，挂在竹枝变成祝姓。
挂在田边化成田姓，挂在李枝变成李姓。

32.

凡间有人烧火，世上有人煮饭。
生出黑人白人，育出凡人黄人。
世间从此发人，人间此后繁衍。
傩公是老祖宗，傩娘是开始人。

# 第五章　苗族先人的传说

1.

　　听我唱歌言很对，句句都讲话实在。
　　从前的歌唱一回，要理古代的根源。

2.

　　堂中歌唱来陪亲，要唱两句苗歌言。
　　要唱从前的根源，过去祖宗的根源。
　　要来嘱咐把门神，要保吉利和平安。

3.

　　撵肉狗窜深山中，晚上它回到家里。
　　猎狗带得野稻种，才得谷种得粮吃。
　　种到地里发起丛，农耕是我们先起。

4.

　　今天我们来到这里，今日大家来临此间。
　　千年不曾讲起我们的古老，百岁不曾提及我们的古话。
　　今天要讲从前的古老，今日要提古代的古话。
　　学得直的我讲直的，学得弯的我讲弯的。
　　对了就对，不对就算。
　　讲多讲偏你们莫恼，讲少讲错你们莫怪。

5.

　　讲了哪里不准出差，说了哪堂不许出事。
　　今天讲了要得清场，今日说了要保无事。
　　门头老鬼守好大门，把门将军守好小门。
　　七代祖公，八代祖婆。
　　祖宗要帮保护，祖先打帮保佑。

**6.**

讲到从前的时候，说到古代的时期。
我们苗兄苗弟，我们苗胞苗人。
坐在浑水满滩满湾，居在黄水满坪满地。
满了大河八十二湾，居住大坪七十一滩。

**7.**

每次摣肉都得很大，每次捞鱼都得很多。
白天一起，晚上一群。
皆大欢喜，和谐美满。
七十一个是我们老兄，八十二个是我们老弟。
兄弟互助，父子合作，
白天一起出门，晚上一路回家。
没有看大看小，没有富裕贫穷。
七十一个老兄，他们聚居在上游河滩。
八十二个老弟，他们驻扎在下游河坝。

**8.**

带着大狗上山摣肉，带那猎狗上坡打猎。
遍山追赶，遍野乱窜。
窜进荆棘丛林，穿过荒坡野岭。
跑遍峡谷川巷，跑遍荒坡丛林。
狗毛带得野生稻种，浑身沾得野生小米。
回来卧在门外狗窝，转来睡在户外狗棚。
掉下稻种生出秧苗，落下玉米长出苞谷。
祖先这才得了谷种，先人这才得了粮食。
先是刀耕火种，后来引水栽谷。

**9.**

七十一个老兄，最先创建农耕。
八十二个老弟，最初安驻劳作。
发人满滩满湾，坐得满坪满地。
凡间这才多人居住，世上这才多众繁衍。
七十一张大桌，八十二个大棚。
七十一口大灶，八十二口大锅。

**10.**

> 住在北边浑水域，从前住在宽域中。
> 八十二个好兄弟，七十一个好弟兄。
> 个个英雄好猛力，骑虎威猛可降龙。

**11.**

> 九黎蚩尤大头人，力大无穷真威武。
> 人才生得很英俊，魁梧雄壮底气足。
> 保护部落创文明，春夏秋冬保安宁。

**12.**

> 从前我们创文明，古代之时很强旺。
> 又好地盘好环境，又平又宽好地方。
> 春耕夏种好收成，快乐欢笑把福享。

**13.**

> 古代我们的先祖，从前苗胞的祖宗。
> 好名传遍人人敬仰，好誉传遍人人敬佩。
> 七十一湾大河，八十二滩大坪。
> 九黎管山管水，九尤管坪管地。
> 地下管遍北边，天上管到星辰。

**14.**

> 苗族从前有个祖黎，苗胞古时有个祖尤。
> 祖黎祖尤，祖尤祖黎。
> 身大如山似岭，眼目如日似月。
> 躯体高大如楼似厦，身大胜过草垛大树。
> 脚踏大石岩山，手握星辰日月。
> 四体是人之体，头戴铜盔龙角。
> 身披棕毛蓑衣，脚踩崇山峻岭。
> 吃肉如虎似豹，喝水胜过龙王。
> 一天可筑一座大山，一日可搬一座大岭。
> 一脚踏成一条大峡，一手劈成一条大河。
> 身似石铁金刚，力大胜过龙虎。
> 脚踏大地战抖，声吼蓝天震动。

**15.**

> 七十一个好兄是他的前帮，八十二个好弟是他的后手。
> 个个都是好汉，人人都是英雄。

从头管到脚，从左管到右。
祖尤关心照顾子孙，祖黎关心保护人众。
热天关心发炎发热，冷天关心受冷遭寒。
关心子孙疾病疼痛，照顾人众免遭饥饿。
防御灾星危害人间，抵御灾难来祸人民。
关心子孙免遭病痛，保护子民免染瘟疫。
人尊皆尊祖黎，人敬都敬祖尤。
他的子孙遍布天下，他的子民遍布凡间。

16.

缪晚缪叫他两人，二人恩爱把儿生。
女儿男子都出生，生得两个儿女亲。
他们生得两崽新，内棍玛苟是他名。

17.

内棍玛苟生异相，玛苟生得丑分分。
两只眼睛生得亮，嘴脸歪翘如粑槌。
嘴皮翻转下巴上，两只耳朵竖得起。
鼻子出气有声响，好似风箱扯得急。
两边脸面现红光，眉毛挡在眼睛里。
是人见了丑样相，二人生养一屋崽，养下苗汉众儿女。

18.

他们养育的子孙，苗儿客崽各七有。
一十四个成了人，个个都是硬汉子。
七个汉子角色狠，心内嫌弃父母丑。
难着玛苟才起心，拿刀便来杀玛苟。

19.

杀刀对着玛苟倒，杀刀倒向内棍头。
死了不能回转到，商议要葬他们走。
抬到四录的山坳，抬往岩坎的山头。
脚踩广东一边朝，头戴广西那一支。
左手他往湖南靠，右手护到湖北子。

20.

那时凡间多人占，地盘地界坐满了。
商量要去找地盘，商议要把地盘找。
汉弟抢先占铁船，铁船先去不回头。

**21.**

汉弟真的巧心有，一十二个巧心思。

他尽拿去书本子，拿去一本也不留。

拿得书本急急走，他尽占得大街市。

**22.**

从前有个首笔，古时有个首包。

首笔从前是个头领，首包古时是个头人。

他坐在银堆之地，他居住在黄金之处。

银子拿来垒坎，金子拿来堆墙。

一日无事他晒太阳，有天闲空他坐暖身。

晒得身暖，觉得身热。

暖得身躯痒痒，热得身体痒痛。

用手便去抓痒，用指便去抓挠。

腻泥似一金虫，腻屑如一银虫。

跑上身体，窜到身内。

跑到头背，窜到耳后。

他便抓起银虫，他便捉起金虫。

扔下地中，抛在地下。

银虫变成神犬，金虫化成神狗。

变成一只黄狗，化成一只神犬。

**23.**

首笔生有一个女儿，首包育有一位小女。

爱落心肝，疼如心肺。

抚在怀中，抱在怀内。

千金都已长大，小女都已成人。

生得秀美身材，长得婀娜身段。

天生国色美女，美貌如花丽人。

人人见了都夸，个个看到都赞。

红媒提亲他都不允，介绍做媒他都不送。

**24.**

当代恶人作反，当时凶汉捣乱。

作反恶人叫作比刀，捣乱凶汉叫作比固。

比刀凶恶杀人放火，比固横蛮霸占地盘。

放火焚烧，放水淹没。

大家奋力都不能挡，大众拼死都不能隔。

大家都居不安，大众皆坐不宁。

25.

本邦差那棕树去打，棕树挨了千刀，棕树他敌不过。

本部派那核树去敌，核树也打不赢。

打了千番百次都打不过，杀了百次千番都杀不赢。

首笔这才发语，首包这才放言。

他说若有哪个打胜比刀，便将小女许那个。

他讲若有哪个杀死比固，便将小姐送那人。

此话讲出算话，此语讲了算数。

26.

一只金虫大帅，一条神狗大将。

听到首笔的许，得知首包的话。

他才变人来到首笔座前，他才现身来到首包案下。

他说你的此话算数，你的此话兑现。

讲了就要准数，说了就要算数。

首笔这才点头应允，首包这就点头认定。

所许之言认定，所讲的话算数。

27.

一只银虫大帅，一条金虫将军。

它才张开血盆大口，露出钢刃大牙。

舌条变成了锋利大刀，利齿变成了钢枪利刃。

用爪去抓，用脚去踏。

浑身竖起利刃利刺，遍体都是刀锋戈锋。

打倒比刀，杀死比固。

割头献给首笔，剁首献送首包。

首笔的话没有变化，首包的愿没有变卦。

才把小女许配金虫，才将小姐许配将军。

28.

金虫得了小女，银虫得了小姐。

白天是个好丈夫，夜晚久后现了犬相。

好夫好妻，恩恩爱爱。

时过很久，过后多时。

孕生一十二个得熊、得容，生养一十二个得扎、得嘎。

**29.**

　　儿子都已养大，幼崽都已成人。
　　养大渐识人理，成人渐知人性。
　　金虫和儿一起不好，银虫和崽一屋不便。
　　这才跑回银窝去住，这才躲回金窝去坐。
　　相会悄悄躲着去会，相见悄悄躲着去见，
　　如此躲藏才叫鬼母，如此躲避才叫犬父。

**30.**

　　一十二个苗子苗胞，一十二位客子客胞。
　　出门天天被人谈白，出外日日被人讲笑。
　　"孩子有母没有父，天天看那月亮树。"
　　客子去问人们，人们都讲不晓。
　　客胞去问大众，大众都说不知。
　　客子去问树木，树木也都不语。
　　客胞去问百草，百草也都不言。

**31.**

　　客子才遇水牯水牯，走着便碰水牯黄牛。
　　水牯才讲你父在那金窝，黄牛才说你爸在那银窝。
　　客子这才寻到金窝，客胞这才找到银窝。
　　看见老父原是条狗，见到阿爸现出狗相。
　　客子这才用刀杀死鬼母，用枪杀了犬父。
　　翻开肚肠他们抢走了书本，翻开肚肺他们夺走了文字。
　　他占城市大街，他霸城里大地。

**32.**

　　得熊、得容上山撵肉，回家不见鬼母，
　　得贵、得兰下河捞鱼，回来不见犬父。
　　发气登颈，发怒登气。
　　他们才问何人漏风，气死鬼母，
　　他们才问何者漏话，杀死犬父。
　　得知是那黄牛水牯漏风才气死鬼母，
　　得晓是那水牯黄牛报信才杀死犬父。
　　后来人们才椎牛来祭鬼母，之后大众才杀黄牛来祭犬父。

# 第六章　部落纷争的传说

1.

　　从前我们坐宽地，古代我们住宽地。
　　农耕我们先做起，好人好众很宽心。

2.

　　守护祖宗好田地，耕种父母好地坪。
　　守护家园保福气，保护地皮坐安稳。
　　边界地方插标记，草标为证为把凭。

3.

　　四面四角插标记，免得哪个讲忘昏。
　　周边围界草标围，用草绚结插木棍。
　　我们地盘要守卫，不让别个来侵吞。

4.

　　从前苗民坐在浑河水域，古代苗胞居在黄河两岸。
　　上游坐满八十二湾，下游坐满七十一滩。
　　女人下河捕鱼捞虾也得满篓满获，
　　男人上山撵肉打猪也得满背满肩。
　　好块地盘生息，好处地域繁衍。
　　立了地域生活，建了家园发展。
　　发人满坪满地，发多满村满寨。
　　地盘满人，家园满住。
　　捕鱼也不够吃了，撵肉也不够饱了。

5.

　　猎狗带得野生谷种从那深山野岭中来，
　　撵狗带得野生小米从那草木丛中回来。

猎狗打滚而卧，谷粒米种落地。
落地长出秧苗，窝边长出苞谷。
七月谷熟，八月米熟。
女人嚼在口中很香，男人吃在口内很甜。
吃在肚中养身，饱在肚内好力。
这才得了稻谷来栽，如此才得玉米来种。
播在土中，生出千簇千丛。
种在土内，长出千株万对。
种田在那浑河两边，种地在那黄水两岸。

6.

黄土平山有那达为，红土高处有那达来。
他们成群出来打猎，他们结队出来撵肉。
打猎来到稻田旁边，撵肉来到玉米地前。
吃那稻米，嚼那苞谷。
乱吃乱嚼，乱吞乱食。
苗人看到怒在心里，苗胞看见气在肚内。
才指草标为证，才用草棍为凭。
草标为证他们不听，草棍为凭他们不信。
他们讲是野生植物野食，哪个得到哪个吃。
他们说是野生的果子，哪个先到哪个吞。
这样苗人回家商量，如此苗胞回来商议。
兄问老弟，父问儿子。
大家商量田边要捆那草标，
大众商议地边要扎那标记。
草标明，做把凭，不许哪个侵。
草标现，作数算，不准哪个占。
这样凡间才有那草标先例，
如此凡尘才有那草标凭证。

7.

草标插了八十年，守护围界在那里。
保守护卫我地盘，我们家园要护卫。
不让哪个来侵占，不准别人霸占去。

**8.**

绚了草标插树棍，树枝竹棍都插了。
边界地盘要守紧，不让他人侵占到。
达为、达来讲忘昏，说话忘昏才惹恼。

**9.**

插了八十八年草标，插了九十九载草棍。
达为的人又来拢边，达来的众又到跟前。
他们羡慕苗人地方好土好田，
他们起心苗胞地域好田好地。
起心要侵要占，心想要抢要夺。
讲那螃蟹理，说那蛮强话。
草标他讲是他插，竹棍他说是他栽。
起心争夺地方，起急争抢地盘。
草标也做不了数，把凭也做不了证。

**10.**

苗人又拿树标来讲，苗胞又用枝丫来说。
树标苗人已经削枝，枝丫苗胞已经砍丫。
地界削了树枝作证，边界砍了枝丫为凭。
达为见人削枝，他们也去削枝。
达来见人砍丫，他们也去砍丫。
互相争了很久，两边闹了很长。
苗人削枝没有见红，苗胞砍丫没有出血。

**11.**

苗人削枝削得高高，苗胞砍丫留得长长。
达为削枝削出了血，达来砍丫砍见了红。
达为削枝削得光光，达来砍丫砍得秃秃。
这样两边动起手脚，如此相互指责争斗。

**12.**

草标为凭也不准，树枝为证也不算。
达为抢地十足狠，达来蛮强占地盘。
互相打斗不相认，两边伤心打起来。
纷争打斗很血腥，互不相让逞强蛮。
戴那面具看不清，百般打斗受伤残。
火烟烧到云雾熏，浑身焦黑不见脸。

**13.**

地界相争不清，地盘相夺不明。

你讲此地归你，他说此界归他。

达为要占地方，达来要霸地盘。

不让也要让，不让就打杀。

人头如同瓜菜被切，身体如同树木被伐。

尸骨堆成山，尸体倒成林。

尸骨堆积如山似岭，血流成河成溪成湖。

**14.**

如此纷争惊动祖黎，相互争斗扰到祖尤。

祖黎这才聚集一十二宗二祖，

祖尤这才集聚一十二族二宗。

齐了七十一位好兄，到了八十二个好弟。

哥弟商量，父子商议。

大家商议，大众商量。

大家都说捆那草标达为不认，

插那草棍达来他也不算。

削那树枝出血，砍那树丫见红。

**15.**

交涉没有奏效，谈判没有成功。

这样祖黎才来涂脸，如此祖尤才来抹面。

头戴麟角龙角，身披稻草棕皮。

左手拿起茅刀茅刺，右手持起利刃尖物。

舞身摇头，舞体扭身。

摇脚摆腿，手舞足蹈。

喊声震天，杀声动地。

天昏地暗恐吓，地动山摇恐惧。

达为听了吓得发抖，达来看了吓得打战。

他讲我在大山放狗，我在大岭撵肉。

什么样的动物我也见了，什么样的怪物我也见过。

从来没见麟角龙角，从未见过怪脸异面。

叫那怪声怪腔，出那怪喊怪叫。

达为吓得跑了，达来吓得逃掉。

**16.**

过了许久，经过多时。

暂时平静，一时安然。

之后达为细思，过后达来细想。

想起野外动物他都见过，那些山林野兽他都知遍。

这些怕是出蛊，这般恐是出怪。

出蛊我要杀蛊，出怪我要杀怪。

**17.**

达为又去联络达巧，达来又去联系达加。

邀得别处他方的人，喊得他方别地的众。

拿起木叉，手持木棍。

拿那削尖之木，用那削利之竹。

滚打石头，扔那岩块。

滚岩来打，滚土来压。

**18.**

祖黎集中八十二湾的人，聚齐七十一滩的众。

挖了暗坑，竖那利刺。

堆积干草，堆放干柴。

用火来烧，用烟来熏。

烧了多天，熏了多日。

天昏地暗浓烟滚滚，乌天黑地黑雾漫漫。

日月无光，暗无天日。

地下黑到小人国土，天上黑到九霄云外。

达为心也虚了，达来胆也怕了。

**19.**

达巧虚得发抖，达加怕得打战。

虚得找路逃走，怕得要钻地皮。

如鱼进网，似鸟进笼。

踏落暗坑，掉入暗洞。

遭刃刺体，利尖穿身。

死人很多，伤亡大半。

打杀达为打败了，纷争达来打败仗。

他的心里不服，他的心内不安。

无计可施，心烦意乱。

20.

雷公打鼓又闪电，雷打雨下真吓人。

乌天黑地看不见，狂风吹动鬼神惊。

达为见了心打战，达来见了眼发昏。

雷公威风大显现，雷打雨下不歇停。

天空震抖到地面，就怕雷公鼓眼睛。

世间遍地不安全，人间遍地不安宁。

21.

达为心里想不通，达来心内想不开。

天边飞来一黄龙，天上降下红龙来。

再去集中一帮达巧，再来集聚一群达加。

达虐，达让，达休，达奶。

他们悄悄来到绒半，他们暗地来到绒旁。

来到绒半，杀了绒半。

来到绒旁，杀了绒旁。

放水来淹成湖，决堤来淹成洋。

淹死成堆，死人无数。

踏平村野，无有生存。

绒半满水，绒旁淹没。

22.

祖黎他才请到雷公，祖尤他才用到雷神。

雷公飞到绒半，雷神骂到绒旁。

驾那滚滚乌云黑云，腾那团团黑云乌云。

弄号拿得神斧，弄无取得钢凿。

弄号拿得天鼓，弄无取得铁棒。

来到绒半打大天鼓，飞到绒旁响那霹雳。

电光闪闪，黑气漫漫。

天摇地抖，山摇水动。

黄龙在那高处，雷公便打高处。

红龙住那低处，雷神便打低处。

雷神他又——

三阵风，三阵雨。

三阵冰，三阵雪。

三通天鼓，黑云总也不消。

三通雷炸，大雨总也不住。

黄龙，红龙，达巧，达加，

达虐，达让，达休，达奶，

败退而走，落难而逃。

23.

山中百兽都来了，虎狼狮豹显威风。

百虫鸟莺都来到，野狗野狼都集中。

千人百众都怒恼，纷争打斗搞得浓。

猎狗快快往前跑，野狼咬人喷血红。

虎豹在前把人咬，咬死吃进虎肚中。

马蜂蜇人无处逃，蜇进皮肉很疼痛。

达为、达来都吓跑，达巧、达加都昏蒙。

24.

恶龙败走天边，恶人逃去地角。

达为心里不服，达来心内不安。

要谋祖黎的地方，要占祖尤的地盘。

白天思想不住，夜晚思考不停。

白天想到夜晚，夜晚想到天明。

八十八湾好地好方，九十九滩好坪好坝。

真是好地居住，最美地盘生活。

生存环境优美，居住家园平坦。

好个地盘繁衍，好个地方生息。

白天他坐不安，夜晚他睡不着。

心里涌涌，肚内痒痒。

25.

达为邀得邪魔妖鬼，达来邀得恶魔精怪。

该邀的人都邀了，该喊的人都喊完。

他们来到祖黎地方，他们冲到祖尤地盘。

围屋烧房，围村打寨。

打杀男女，捅死老少。

吞头吃耳，吃毛吃血。

焚烧房屋，打烂村寨。

祖黎遭此灾星，祖尤也遭灾难。

26.

祖黎又去招集，祖尤又去集聚。

苗胞，苗人，苗父，苗弟，

大半，大蛮。

集合到了，集会来齐。

遭了恶鬼到家，遇了恶魔进屋。

争取不要绝人，抗争莫送灭亡。

27.

大半这才放那百兽，大蛮这才放那百虫。

伢熊这才放那黄狗，伢容这才放那神犬。

伢猫这才放那百虫百兽，伢狗这才放那虎豹豺狼。

百虫满山，百兽满岭。

黄狗遍野，神犬遍地。

百兽满山遍野，虎狼满地遍坪。

百兽乱咬，百虫乱吃。

百兽咬死，百虫咬伤。

28.

杀！杀呀——

鸣那鸟叫鸦啼，嚎那狗声犬声。

鸣那牛嘶马叫，响那撕声咬声。

吞啖不住，咬众无数。

天旋地转，天昏地暗。

撕破撕碎，撕皮撕肉。

三阵杀吼，百虫怪兽撕咬不休。

三阵杀喊，虎狼虫蛇吞啖不住。

大地震得战抖，昊天也都震动。

太阳不见光亮，月亮失去光明。

29.

　　两边纷争了很久，相互争斗了多时。
　　没有办法来终止，相争相斗无来头。
　　天意才把梦传授，帮助达为达来谋。
　　达为达来心也就，达巧达加心也丑。
　　忘昏忘天心忧愁，脸黑面黄心担忧。
　　朦胧之中得天佑，天神授计在心头。
　　梦帮达加计策受，天神帮助他出头。
　　古代纷争留传事，依古留传后人知。

30.

　　百虫百兽撕咬不止，虎狼蛇虫吞啖不住。
　　达为他吓怕了，达来他吓蒙了。
　　达虐吓得头昏，达让吓得脑涨。
　　达巧忘昏，达加忘天。
　　达休发抖，达奶发麻。
　　他们全都无方，大家全都无法。
　　忘昏了达为，忘天了达来。

31.

　　他的魂魄吓离躯体，他的神志吓出身躯。
　　其魂飘到天空，其魄飘上九霄。
　　看见九天玄女娘娘，见到西方王母神婆。
　　这才教他小语，授他小话。
　　授他功夫，教他法术。
　　教他阴招，教他赢法。
　　教他变化，教他变术。
　　学了四天，过了五日。
　　过后他才清醒，如此他才醒悟。

32.

　　作法举起右手，黑雾止住不兴。
　　依法立起左手，黑烟止住便散。
　　顿脚吓跑怪兽，踏步赶走百虫。
　　吼声赶跑虎狼，叫声赶走虎豹。

翻手大风便止，覆手大雨便住。
摇身变成几嘎，变化变成吉狞。
眼睛睁如大桶，嘴巴大如山洞。
毛发如森如林，身体如山如岭。

33.
一口吞噬九村，一嘴吃了十寨。
八十八湾的人被吃只剩一湾，
九十九滩的众被吞只剩一滩。
祖黎逃跑，祖尤逃散。
仡猫跑完，仡狗跑光。
大半快跑，大蛮快逃。
祖黎被它吃死，祖尤被它吞亡。
直的讲成曲的，好的说成丑的。
这样被迫丢弃地盘，抛田弃地。
丢屋弃房，丢宅弃舍。
迁去天涯，徙去海角。

# 第七章　打食人魔的传说

2004年10月，国家民族宗教事务委员会、中国文联、中国曲艺家协会、广西壮族自治区人民政府在南宁联合举办了"全国第二届少数民族曲艺展演"活动，由石寿贵作词并表演了这段打食人魔的古歌，龙宁英写苗文并敲竹桥伴奏。该节目荣获三等奖，开创了将苗师"巴代雄"科仪原原本本地搬上舞台的先例。

1.

鼓社鼓会：
在那遥远的古时，接近原始的古代。
勇敢的苗族先民，勤劳的苗族祖先。
迁居来到林豆之地，迁徙来到林借之处。
呜呼——呜呼——发了九十九坡。
噢嗬——噢嗬——旺了九坪九坝。
似竹发来满坡满岭，如木发来满坪满地。
凡间发满了人，凡尘坐满了众。

2.

有那恶魔名叫几嘎，有那恶鬼名叫吉狞。
几嘎天天吃男吃女，吉狞日日吃人吃众。
为了吃尽苗家，为了吞灭苗寨，
几嘎摇身变成了老头，来到村后的山洞里，
吉狞一变变成了外公，来到寨后的岩洞内。
逗引牧童来到山洞躲雨，
诓骗放羊小孩进洞歇凉。

老头拿出山果诱他们吃，
外公拿出野果给他们尝。
他说：
"老弟老弟，你们快吃，
老乡老乡，你们快尝，
吃饱邀人都来，吃够邀众都到。"

3.

消息传到村中，风声播入寨内。
人们识破恶魔的阴谋，大家看穿了恶妖的毒计。
暗中聚集人员躲到洞边，暗地齐聚人力藏于洞外。
老头与小孩纠缠之时，得容混进洞中，
外公与牧童纠缠之际，得嘎、得兰混入洞内。
用田水换掉它的魔水，用蜡棒代替它的魔棒。
他们烧起了黄蜡米糠，他们燃起了蜂窝烟雾。
呸啾——前面的人冲进洞中，
扒啾——外面的人杀进洞内。
恶魔的喷魔水没有用处，恶鬼用棒一打就烂。
黄蜡迷倒打死恶鬼，烟雾迷昏杀了恶魔。
剥皮用来蒙鼓，腿骨用作鼓槌。
恶头砍下藏于大鼓之中，
躯干砍碎收在鼓筐之内。

4.

得了地方安居，好个地盘安住。
发如群虾，多似群鱼。
坐满九十九坡，发满九坪九坝。
商量要结鼓社，商议要建鼓会。
做成一个大桶，九十九块，来装烧酒烤酒。
哪个的亲戚到边，便舀烧酒送那个亲戚来喝。
做成一把长凳，九十九寸，九十九根木腿。
哪个的眷属来临，就让这个眷属来坐。

5.

够母来当肉官，够处来做酒官。
报窝保魂保魄，甲驾报客报众。　　*报窝、甲驾：野生动物。*

一年也等巴代全，九年也等巴代全。
一年也等苗老司，九年也等苗老司。

6.

齐了九十九坡，到了九十九寨。
女人穿金戴银，男人穿绸穿缎。
亮白银圈戴在胸前，白的银吊披满身后。
颈戴数根项圈，数副手圈戴在手腕。
金戒戴满手指，银戒戴满指头。
花衣开满花朵，花裙花带满身。

7.

大锣大鼓也备齐了，水牯黄牛也牵到了。
供品供具也都齐了，竹杴法铃也都有了。
四方亲朋也都来了，六面亲友也都到了。
老司祭师也都来了，酒官肉官也都到了。
唢呐喇叭也都齐了，舞龙舞狮也都来了。
齐了九十九岭的人，到了九十九寨的众。
齐女齐男，齐老齐少。

8.

火铳放了一十二遍，礼炮鸣了一十二响。
爆竹烧上千千万万，鞭炮放了万万千千。
竹杴咚咚，神箸喳喳。
法铃叮叮，神韵娓娓。
阿级哟呼——祖宗祖先全都欢喜。
阿哟阿哈——先宗先人全都喜欢。

9.

阿级哟呼——凡间凡尘全都发达。
阿哟阿哈——凡尘凡间全都兴旺。
阿级哟呼——凡间信士也发大财。
阿哟阿哈——法铃屌屄屌屄。

10.

鼓声震动三天路远，锣声响彻三日路程。
火铳震遍山川天涯，礼炮震透山河海角。
欢声雷动九天十夜，歌声响彻九早十晚。

**11.**

恶魔妖婆也都来了，吉狞背崽也都来到。
混进人群要灭吃人，杂在人堆要来吞众。
山羊打鼓用脚乱踢，野鹿打鼓用角乱刺。
踢破了鼓皮，刺穿了鼓面。
魔崽看见恶魔的头在那大鼓里面，
猛然大叫"阿爸"，
魔婆瞧见恶魔的骨在那鼓筐之内，
突然大喊"老公"！
张牙舞爪它便吃人，血盆大口它便吞众。
阴风惨惨，魔气漫漫。
九十九坡的人被吃只剩一坡，
九坪九坝的众被吞只剩一坝。

**12.**

老司燃起黄蜡宝香，巴代燃起蜂窝宝雾。
人们用矛用刀拼打，大众拼命用火追杀。
用那芭茅射出神弓鬼箭，用那荆棘化为铜刺铁钎。
魔婆这才被人赶走，魔妖这才被人打退。
凡间清吉，凡尘平安。

# 第八章　迁徙的传说

**1.**

从此永离家乡，此后抛弃故园。

从那烂岩烂滩上来，从那乱石乱堆上来。

从那系船码头上来，从那绚筏岸口上来。

从那大罐大缸上来，从那小罐小缸上来。

从那黄水浑水上来，从那绿水浊水上来。

从那灰水浑水上来，从那浑黄浊水上来。

从那八十二湾上来，从那七十一滩上来。

从那水边河边上来，从那海边湖边上来。

女人接起布匹，男人扯那野藤。

成群一路过来，结队一道过来。

一番来到者吾，一次来到者西。　　　者吾、者西：地名。

二番来到腊哈，二次来到腊兄。　　　腊哈、腊兄：地名。

三番来到占楚，三次来到占菩。　　　占楚、占菩：地名。

四番来到梅最，四次来到梅见。　　　梅最、梅见：地名。

五番来到冬绒，五次来到便潮。　　　冬绒、便潮：地名。

六番来到泸溪，六次来到泸岘。　　　泸溪、泸岘：地名。

七番来到绒善，七次来到达者。　　　绒善、达者：地名。

八番来到占求，八次来到占怕。　　　占求、占怕：地名。

迁了八番的家，建了八次的园。

发满九十九村，住满九十九地。

发满九十九坪，住满九十九洞。

**2.**

听我把这苗歌云，你们听我唱起来。

歌中唱我苗族人，要唱苗族的祖先。
苗族祖宗的根源，七迁八徙到此间。

3.

世间先有个达变，世上叫他做达毕。
告毕才生母猴来，告变生得父猴起。
母猴成形人人见，公猴形象他养齐。
古时坐在洞穴间，岩洞崖穴他们居。

4.

龙父和那凤母起，凤母龙父生成人。
二人恩爱做一堆，才把苗儿客子生。
二十四位好兄弟，一十二个客子明。
看见龙母他发气，看见龙父他气登。

5.

难看凤母和龙父，一见他们气就生。
拿刀马上就杀父，开膛破肚出书本。
取得文字和文书，识文知字聪明心。
占得大街大市住，一十二位坐街城。

6.

从前坐好的地处，古代居住家园宽。
种地是我们先做，冶炼是我们起先。
先立刑法来维护，苗人智慧真不浅。

7.

水边也坐不安，河边也坐不宁。
一十二宗苗胞，一十二祖苗民。
商量便要出走，商议便要迁徙。
他们引哥带弟，大家引父带子。
带男带女，引老引少。
带着粮种，背着背篓。
抬那工具农具，牵那黄牛水牯。
提那鸡笼鸭笼，赶那猪狗禽畜。
离开家乡迁出，离别故园迁徙。

8.

从那烂岩烂滩走出，从那乱石乱堆走来。
从那系船码头走出，从那绚筏岸口走来。

从那大罐大缸走出，从那小罐小缸走来。
从那黄水浑水走出，从那绿水浊水走来。
从那八十二湾走出，从那七十一滩走来。

9.

一十二宗才商议，一十二父才商言。
水路我们一同去，陆地一道找家园。
得扎聪明心不义，杀死龙父做得偏。

10.

得雄先人要搬迁，离开走出老家园。
从那浑河两岸来，下游有七十一滩。
还有八十二个湾，都是一家人亲眷。

11.

苗人拿走刀斧具，找得硬木做船板。
木船做成在这里，用那藤索连成排。
坐这杉船下水去，划过浑河水面宽。

12.

杉船快划如鹰飞，五天六夜去远程。
碰见得扎在湾内，晚上一起歇岩门。
明早未亮他先起，得扎早早他就醒。
调换杉船先划去，换掉铁船就起行。

13.

他划杉船去得快，飞快划过数湾水。
去到那里地坪宽，大街大市成他的。
得雄三日才到边，抬眼望去人满堤。
到此才知受了骗，得扎聪明心不美。

14.

得扎去成半个月，过去日时成很久。
铁船划去快不得，铁船水上划不走。
出发在先还慢些，不见得雄的影子。

15.

划那铁船划上来，划那铁筏上路程。
呜呼呜呼划不快，哦吼哦吼划不行。
九天没划过一湾，十天才划一湾程。

**16.**

呜呼呜呼——九天没过一滩涂。
木筏不比木船浮，木筏真的难划出。

**17.**

哦吼哦吼——九天没过一湾河。
木筏重了难划过，船重真的划不活。

**18.**

九黎祖尤把计摆，兄弟九黎和祖尤。
喊得大芈和大蛮，九兄九夷去开头。
七十一兄全都来，八十二弟来得有。
招呼迁徙把路赶，商议迁出一路走。

**19.**

谷种粟种一起带，再抬铁锄和刀斧。
黄牛水牯一齐赶，工具农具一起负。
引兄牵弟走出来，结队组群做一路。

**20.**

大家划船到了岸，陆地没有路可走。
理那溪沟上大山，"啊哟啊哈"齐声吼。
接起布匹上山涧，树藤扯人上山沟。
上到山头把气叹，要找地盘来养口。

**21.**

从那烂岩滩上走，往那烂沙滩上来。
白水黑水涨潮流，黄水浑水浪头宽。
系船系在大岩石，系筏系在大岩边。
经过烧坛歪关口，土罐烧得嘴歪偏。

**22.**

女人才把布匹解，男人接那树藤来。
攀上悬崖吊下来，上到一半提下边。
上到崖头山岗站，上到陡岭大高山。

**23.**

理这驴蹄印走来，照那马蹄印子行。
边走边理脚印线，跟马脚印上山岭。
走了一程天昏暗，走到穷首的地名。　　穷首：地名。

**24.**

吾娘吾补的地处，堵拿堵冈地方来。　　吾娘吾补、堵冈：地名。
告堵泡牢来跟住，来到早牢歇一番。　　告堵泡牢、早牢：地名。
在那捆船的地处，木筏连紧做一块。
柔连柔滚走一路，迁徙要找好家园。　　柔连柔滚：地名。

**25.**

从那歪耳土坛行，从那歪嘴瓷罐来。
铁船紧划划不顺，铁筏紧划划不开。
三年划都划不登，三年三载不登边。

**26.**

一路行到云河上，一同来到了云尾。　　云河、云尾：地名。
一十二宗走跟上，一十二父在一起。
来到后吾的地方，走到后西好平地。　　后吾、后西：地名。

**27.**

来到后吾立一次，来到后西立一园。
后吾发好都坐后，后西发满坐不开。
从前人讲话如是，古代迁徙的根源。

**28.**

后吾的人生怪异，大哥不认老弟亲。
这才牵驴又走去，赶快牵马走先行。
一十二兄十二弟，跟着纹黎又出门。　　纹黎：地名。

**29.**

九黎九尤一路走，苗胞苗儿全部开。
大芈大蛮行在后，仡猫仡狗在中间。
九雄九夷后赶至，要去寻地建家园。
八十二个都全走，七十一个都迁出。

**30.**

一十二宗的人，一十二族的众。
纹黎、够尤，九黎、九尤。
窝熊、窝容，高猫、高狗。
大芈、大蛮，九熊、九夷。
八十二湾的人，七十一滩的众。
迁出要找地方安居，迁徙要寻地方安住。

31.

从那水边上来，往那河边上来。
木船都被得扎换走，竹筏也被得卡换完。
换成钢船，乘那铁船。
呜呼——呜呼——
九天没过一湾的水。
哦吼——哦吼——
十日没过一湾的河。
划了很久，费时很长。

32.

终于来到者吾，后来到了者西。
到了者吾，暂居者吾。
到了者西，暂住者西。
者吾地小，者西地窄。
捕鱼不满鱼篓，撵肉难获满锅。
遭那怪影来骚，遇那怪物来扰。
暂居一阵，暂住一时。

33.

者吾居也不安，者西坐也不宁。
白天总被骚扰，晚上担惊受怕。
怪物天天骚扰，怪影夜夜捣乱。
者吾也坐不成，者西也坐不住。
者吾扰乱者吾，者西捣乱者西。
女人也都惊恐，男人也皆惧怕。
这才又要迁出，因此又要迁徙。

34.

悬崖腊哈不通路，陡壁腊兄行不去。　　腊哈、腊兄：地名。
路途遇到悬崖阻，两边三面高山围。
二次迁徙建园处，只得暂住在那里。

35.

才和阿力去借凿，要和阿无借锤打。　　阿力、阿无：人名。
凿岩脱像指甲壳，凿崖脱像手指甲。
凿通岩壁才通路，凿崖道路直通达。

**36.**

借得神锄修路快，借得神铲天天修。

通达水边开大船，路通大河通船走。

大哥跟着老弟来，一路跟着去前头。

**37.**

我们从者吾走来，从者西走出。

这次不同以前，此趟不比以往。

水域不通水路船路，旱路不通驴路马路。

理那水溪而上，沿那溪流而来。

女人接那布匹布条，男人连那野藤竹竿。

一同来到得从腊哈，一起来到得闹腊兄。      得从腊哈、得闹腊兄：地名。

到了这里无道可走，到了此间无路可行。

大岭挡道，哪怕雄鹰也飞不过。

大崖挡路，哪怕大鹏也过不去。

走到尽头，无路可走。

要退又有恶魔挡路，要回又有恶鬼挡道。

只有暂居一阵，权且暂住一时。

**38.**

女人无计，男人无法。

阴人才报要借阿力的凿，冥者才告要借阿无的钻。

阿力有钎，阿无有锤。

打岩钻钻，岩粉只脱一点。

打崖锤锤，岩粉只脱几粒。

打了九年，凿了九载。

也打不出路走，还凿不通道途。

**39.**

梦见金猫才讲，托梦银猫才说。

要到都夯去借神铲，要到都共去找神锄。      都夯、都共：地名。

一十二宗这才去取，一十二祖这才去借。

从都夯取得神铲，从都共借得神锄。

这样才——

一铲铲去一座大山，一锄锄开一座大岭。

一铲铲出一条大河，一锄锄倒一座大崖。

哥兄老弟才行过道，娃儿父子才走过去。

**40.**

来到占楚便歇气，走到占菩地坪宽。　　占楚、占菩：地名。
山中老树生得齐，宽坪宽地让得远。
峡谷川岭很秀丽，好地耕种建家园。

**41.**

占楚地盘生成好，占菩生好宽平地。
下河捞鱼也好捞，上山撵肉也好撵。
占楚占菩做背靠，三次建园在这里。

**42.**

锯好竹筒担水喝，木桶装米天天印。
做床养儿满屋坐，建成住房育子孙。
如竹发来满山坡，似木发来满山岭。

**43.**

居住占楚富足登，坐在占菩发满人。
姑娘穿戴有金银，小伙穿着绸缎新。
出门上坡踏歌韵，坐在家中闹热很。
水牯栏中挤成群，牛在圈内发得登。

**44.**

三班老少坐商议，商量合鼓来祭祀。
姑娘小伙鼓舞戏，喜笑颜开这一次。
合鼓要送发登去，祭祀祖宗不忘丢。

**45.**

姑娘在家织红绸，小伙撵肉上山坡。
青年养蚕来抽丝，老人作曲烤酒喝。
祭山敬水得保佑，祭地敬川做一伙。
先祖先宗祭一次，祖宗渊源笑呵呵。

**46.**

得玛把那酒壶拿，几贵抬桶拿盘摆。　　得玛、几贵：人名。
画眉洗锅甑笼大，坐在灶前是录边。　　画眉：人名。
岩莺司肉拿刀把，山莺把酒斟在碗。　　岩莺、山莺：人名。
山鸡唱歌声好大，老鹰飞舞在上天。　　山鸡、老鹰：人名。

**47.**

锦鸡飞歌来歌唱，山鸡歌唱很高音。
乌鸦保魂在身抱，喜鹊报客到家亲。
九坡九岭都来到，九坪九地先来临。

**48.**

欢喜合鼓那一下，建会合鼓闹热欢。
九面大锣响声大，大鼓声大震四边。
欢歌笑语震四下，欢声雷动震上天。

**49.**

鼓舞跳到了夜半，恶魔几嘎就到边。
牝一到边就捣乱，吞人吃众真的惨。
吃人专门吃青年，是人见了个个骇。

**50.**

九坡九岭小伙们，九坪九地女青年。
只有一坡一岭剩，只剩一坪一地免。
黑风盖满人人惊，黑雾妖气兴大灾。

**51.**

合鼓被魔来破坏，全被恶魔破坏倒。
我们不能坐家园，再也不能坐此了。
招呼动脚快离开，举步急忙快快跑。

**52.**

尤子尤孙又走，苗人苗胞又行。
一起走到占楚，一同来到占菩。
前头好山好水，后面好坪好地。
平地让得很广，河面流得很宽。
地下居住环境也好，天上日月星辰也明。
适合我们安家，正好我们建园。
走到占楚，便居占楚。
来到占菩，便住占菩。

占菩：地名。

**53.**

起屋盖那茅草，起房捆那竹竿。
打理安家，动手建园。
安家养儿，建园育女。

削竹筒去担水，挖土仓来装粮。
坐成很久，住得很长。
发如群虾，多似群鱼。

54.

占楚是那龙堂，占菩是那凤殿。
发人满坪，坐人满地。
开门之声震惊冬内，开户之音震惊王记。　冬内、王记：人名。
冬内他也眼红，王记他也忌妒。
差那恶魔来吞苗民，派那恶鬼来啖苗胞。
天昏地暗，日月无光。

55.

占楚也居不安，占菩也坐不住。
苗胞这又引哥带弟，苗民这才携父带子。
背那大鼓，带那小孩。
背篓荷担，抬箩挑筐。
大家一同迁出，大众一路迁徙。
迁出要找地方安家，迁徙要寻地盘建园。
理着峡谷，沿着溪河。

56.

苗胞苗儿相呼唤，德兰德卡都来齐。　德兰、德卡：人名。
聚集站成一大片，呼唤出走跑急急。
黄河水浑地方乱，吾篓吾袍不能居。　吾篓、吾袍：地名。

57.

吾冬吾当那里来，洞叫洞碗真的陡。　吾冬、吾当、洞叫、洞碗：地名。
白水黑水流慢慢，走过浑水绿水流。
路过捆船大岩边，动脚经过占洽走。

58.

烂岩烂滩很难上，烂滩烂岩很难跑。
过河过水是一样，上到岸边的山腰。
打猎捕鲤一路趟，开荒种地也不少。

59.

一十二宗十二弟，全部聚齐来到此。
告尖崩得生得异，告尖洞欧也不丑。　告尖崩得、告尖洞欧：地名。
商量安家坐这里，四次建园不再走。

**60.**

商量上山去砍树，女人坡上去割草。

很快起成好房屋，割得茅草来盖好。

居成长久坐长住，人似鱼虾发登了。

**61.**

人发坐满窄耕地，坡上没有地开荒。

捕鱼人多满水域，人多地窄不能养。

商量要找好园地，商议再寻地宽广。

**62.**

要留一些守故地，商议要把一些留。

留有一些在那里，留有部分把业守。

一些留守一些去，一些留下一些走。

**63.**

一帮苗兄苗弟，一群苗父苗子。

从那占楚行来，从那占菩走来。

从那吾滚吾嚷行来，从那吾篓吾袍走来。

从那峒吾峒当行来，从那峒蕉峒晚走来。

理溪理河行来，沿川沿谷走来。

大家一同来到梅最，他们一同来到梅见。

来到梅最，梅最优美。

来到梅见，梅见秀丽。

才住梅最，才居梅见。

吾滚吾嚷：地名。

峒吾峒当、峒蕉峒晚：地名。

**64.**

苗胞动手起屋起宅，他们起工建房建舍。

挖田开地，挖土造田。

地方也很好坐，地盘也很好住。

坐成多久，居成多时。

发人满村满寨，发众满坪满地。

**65.**

女人不够地方晒布浣纱，男人缺少地盘开垦种地。

有水少鱼，有山缺物。

才留一半来居，分出一半来住。

一些留在梅最，一半留在梅见。

守田守土，守家守园。

一些又要出走，一半又要出门。

**66.**

老家留人我们去，故地留人我们走。

强提强莎如风吹，礼州礼见这里游。

白抓格崩歇一会，白抓格绒坐在此。

**67.**

从龙抢宝那里过，从凤抢球那里走。

又宽又广的大河，上这高坡实在陡。

不见天光日月落，森林古树黑黝黝。

**68.**

上到冬绒歇一会，走到便潮歇一刚。

便潮高绒好平地，好那平地建屋场。

攀肉上山好打猎，水域宽大好撒网。

**69.**

一十二宗起了心，五建家园在这里。

左边也好启明星，右边看到很远地。

前面后面地宽平，地盘生好很满意。

**70.**

好坪地方卧有龙，龙凤卧在那地方。

七冲七川做一蓬，七湖七潭生风光。

耕种大坪把土松，种地大坝喜洋洋。

**71.**

到此发达又兴旺，发达兴旺大得很。

快活无忧得欢畅，三班老少得宽心。

商量合鼓祭祖上，高议椎牛打鼓庆。

**72.**

椎牛满屋齐客众，四方八面都来齐。

欢歌笑语震地动，年轻鼓舞十分美。

恶魔几嘎又行凶，祭场鼓声断灭迹。

**73.**

鼓舞堂中满黑雾，男女老少被牝吞。

赶快出走跑他处，儿牵母父公引孙。

分离逃奔不择路，逃散快找地藏身。

**74.**

分开分在冬绒，分出分在便潮。
他们过了樱花园，大家过了梅花岭。
从那强提强莎过来，经过礼州礼见走来。
从那花溪花滩过来，经过花坡花岭走来。
从二龙抢宝的地方过来，经过龙凤戏珠的地方走来。
沿那长长的河流过来，从那高高的大岭走来。
走过大片的原始森林，经过河流沙滩沙坪。

**75.**

一路走来，一起行来。
一帮苗宗苗祖，一群苗父苗子。
他们来到告绒，大家来到便潮。
前边也都宽广，后面也都宽阔。
前边很宽，后面很平。

**76.**

前面好个龙头，后边好片宝地。
犹如龙堂龙殿，山川真是秀丽。
左手可以摸日，右手可以摘月。
白天和太阳一起，夜晚和月亮一路。
来到告绒，便立告绒。
来到便潮，便住便潮。

**77.**

告绒祭了一番大宗，便潮祭了一次大祖。
魔头来扰，恶魔来袭。
千人也抵不住，万人也敌不过。
告绒也坐不住，便潮也居不成。
又要离乡别井，又要丢家弃园。
又要丢田弃地，又要丢田弃家。
这样成了六次迁居，如此已过六次迁徙。

**78.**

天还没亮出路走，天没发白出道行。
老幼大小手牵手，爷婆母父一路引。
出门去找活路子，出路要去找活门。

**79.**

引哥和弟快离去，引父和儿快快走。
边跑边怕有人追，边走怕人追赶揪。
祖公骑驴在后队，祖婆快上马鞍溜。

**80.**

骑驴跑在云朵内，骑马踩那团雾朵。
天还未明跑急急，天还没亮跑出躲。
下坡下岭赶快去，沿川沿谷找地壳。

**81.**

骑驴白脚马花蹄，白脚花蹄奔跑忙。
过了高山崖头地，走下若干陡地方。

**82.**

一十二姓一起走，一十二父走成群。
那些小儿要牵手，一起骑上马鞍镫。
天还未明把家丢，天还没亮就起程。

**83.**

女人卷布做一匹，包得衣服和绸缎。
竹析铜铃也带去，还带水罐和油坛。
家祖神坛不丢弃，香炉骨筶一起带。
抬那木桶装米油，猎狗理路跑在先。

**84.**

水牯黄牛要赶尽，大狗群猪赶出来。
九十九腿的长凳，九十九根舌条罐。
菜种也要带在身，谷种稻种带得全。
走路一天精力尽，歇在泸溪的地盘。

**85.**

泸溪好地宽水面，四面有山长林密。
有水捕鱼好地段，撵肉上坡也好去。
商量安家在此间，商议建园在这里。

**86.**

养鸡养狗都长大，养牛养猪满地坪。
女人下水累不怕，男人上坡开荒新。
七次建立家园大，发达兴旺泸溪坪。

87.

　　发人发家发得快，发人发众多得很。
　　商量要来祭祖先，大家邀约把鼓抢。
　　祭祖用啥供品献，要蒙七个大鼓新。

88.

　　九十九腿大长凳，九十九格大酒桶。
　　是人到边请坐凳，舀酒送吃在口中。
　　野鸡才把高歌韵，喜鹊报客走匆匆。
　　九坡九岭到齐人，九坪九坝都来拢。

89.

　　一年也等巴代来，九年也等巴代全。
　　戴银满身如花开，又戴耳环戴手圈。
　　银饰新衣多鲜艳，花衣绸缎新衣穿。
　　是人个个都称赞，身段架势真的乖。

90.

　　大鼓大锣都得齐，爆竹火炮得齐了。
　　鼓场人满很拥挤，九坪九坝人齐好。
　　地铳烧到门外去，三连九炮响得高。
　　巴代请得祖神临，奉请你们快来到。

91.

　　祖公祖婆很喜欢，祖母祖父都满心。
　　发众发人坐满满，发达兴旺坐满人。
　　祭祖吉期又到来，发达发旺在此兴。

92.

　　欢喜一夜还未足，天还没亮恶魔到。
　　鼓场人众惊奔出，大家快找地方逃。
　　兄弟相护坐一处，聚集又要迁徙跑。

93.

　　合鼓着了恶魔害，祭祖着了恶魔吞。
　　吞吃苗人血不见，鼓场漫漫黑风云。
　　抬斧要来与魔战，抬刀要来和它拼。
　　九千茅草来射箭，十万茅箭射它身。
　　巴代蜂蜡烧烟快，巴寿敲响竹析声。

这样恶魔才惊骇，恶魔松口才隐形。
吃人吃众多悲惨，九坪十坝都忘昏。

94.

八坡八岭都吃完，八坪八坝都吃了。
只有一坡一岭在，只剩一坪一坝好。
青年男女尽遭难，老少赶快又得跑。

95.

兄弟赶快我们走，呼母唤父要出离。
一些躲在深蓬刺，悄悄匿在深山内。
一些留下一些走，守家守园在那里。

96.

留有一些老家坐，留有一些守家园。
引哥和弟走一路，一十二父也都来。
动脚晨光未成露，起步东方未见天。

97.

相议便要迁走，商量又要迁出。
成群结伙，成帮结队。
天还没亮下山，天还未明下岭。
女人来不及梳头，男人还没有洗面。
骑驴跨马就走，飘风飘雾就行。

98.

沿着大路大道下来，走着山路小道出来。
坐那木船扒来，撑那竹筏渡来。
骑那白驴花脚行来，跨那白马白蹄走来。
五百黄马同来，六百红马齐来。
包那锦帛龙布行来，披那锦缎丝布而来。
带那竹柝铜铃同来，抬那神布神龛而来。

99.

女人下河捕鱼也得满篓，男人上山撵肉也得满背。
好山好水，好溪好河。
地方也宽也秀，地盘有水有陆。
苗胞动手起屋建房，苗民起工建宅定舍。
女人纺纱织布，男人耕地种田。

**100.**

祭宗又被捣乱，祭祖又被破坏。

带儿又走，引孙又行。

连夜迁出泸溪峒，黄昏走出泸溪岘。

**101.**

一十二宗十二父，天还没亮就出迁。

结队成群走一处，手牵着手跑得快。

沿河沿溪沿水路，沿滩沿坝一起来。

**102.**

上谷理溪一路行，越走越上很凄凉。

丛林树遮不见影，丛树遮天不见光。

上那河湾水清清，沿那山脚水路淌。

**103.**

边走水湾边留住，两边山上都留人。

一十二宗走一路，一十二父跟得紧。

水清水绿留人住，水黑水污不能停。

**104.**

来到辰溪歇一会，走到河溪歇一刚。

留下一些住辰溪，河溪一处留一乡。

高山大岭好耕地，下河捉鱼好稳当。

**105.**

苗家父子，苗胞兄弟。

理那小溪上来，沿那河水上来。

理夯理谷上来，沿川沿冲上来。

理那小湾小滩上来，沿那大湾大滩上来。

从那洋交洋背上来，往那洋冲洋干上来。

**106.**

沿着峒溪，理着峒河。

出在泸溪，起从辰溪。

来到河溪，又到潭溪。

沿溪来到乾州，沿河来到吉首。

来到寨阳，走到坪郎。

走过坪滩，来到矮寨。

来到绒善，祭了一番祖宗就在绒善。
上到达者，祭了一次祖先就在达者。

**107.**

祭宗之后便分两股，祭祖过后便分两路。
一股沿着德夯走小河，一路理着大兴走大河。
上坡也到，上岭也达。
来到转求，走到转帕。
来到转求大坡大岭，上到转帕大山大坡。
大山好坐，大岭安全。
来到转求更住转求，来到转帕便居转帕。

**108.**

人多地窄坐不住，多众地窄装不了。
大哥喊弟要赶路，我们再找地盘搞。
河溪潭溪留人住，再留人住这里好。

**109.**

摸黑走来夜路大，赶路来到杆子坪。
一个弟兄不讲话，休息他在这里停。
他说眼差走不下，廖家留住杆子坪。

**110.**

走路一直到吉吼，一些走到了强图。
一个姓石歇在后，走到容瓜他才述。
好地起屋天生就，石家先坐这里屋。

**111.**

来到绒善才集会，走到达者聚一团。
要把祖宗来祭祀，祖母祖父都请来。
祭了祖宗有话叙，今日两下要分开。

**112.**

分开沿河两岔上，小河一路走德夯。
不想碰上悬崖挡，三面悬崖和陡坑。
这些悬崖怎么上，我们看要怎么讲。

**113.**

女人接起绸缎绳，男人接起野树藤。
凿岩叮叮岩眼深，凿崖当当崖孔成。

上到补毫歇一阵，走到吉瓜好宽平。　　补毫、吉瓜：地名。

114.

者吾者西迁一次，二次腊哈和腊兄。
占楚占菩山水秀，梅最梅见窄又空。
冬绒便潮云中走，泸溪泸岘水坝中。
绒善达者山背后，金龙黄土十字冲。
迁徙迁了七八次，八次迁徙到吕洞。

115.

上登瀑布大流沙，上面就是半空中。
来到龙孔和吉卦，让烈上过到金龙。　　龙孔、吉卦、让烈、金龙：地名。
苟尼莽高山祖大，连接又到黄土坪。　　苟尼莽高、黄土坪：地名。
建会结社就在那，发满各地坐满人。

116.

来到占求聚齐人，占怕人众都拢全。
这里地盘好得很，挖地开荒劲冲天。
生儿生女大发兴，老少三班都喜欢。

117.

大河沿河跟水进，沿河走到了苟先。
这里的水还未尽，起屋立在这一湾。
发业发家又发人，做发做旺在那边。

118.

占求占怕发好众，姑娘小伙坐满坪。
欢歌笑语飘上空，老人也唱出歌声。
青年男女乐融融，幸福美满好前程。

119.

九坡九岭坐满住，九坪九坝坐满完。
是人都发又都富，足食丰衣坐安然。
商量要来竖牛柱，商议合鼓祭祖来。

120.

做成大大的酒桶，九十九格装烤酒。
九十九格的酒桶，是人是众醉悠悠。
九十九腿长凳重，是客满亲坐上头。
巴林打豆买来奉，巴术达娘也得有。
闹热祭祖在吉峒，合鼓祭祀万古留。

**121.**

合鼓合在占求地，占怕古代椎了牛。

围圈鼓舞闹热起，是人欢笑乐悠悠。

鼓声震天歌声溢，震天动地如雷吼。

**122.**

长凳九十九条腿，木桶九十九甑酒。

聚集齐亲又齐戚，齐母齐父齐亲友。

合鼓留传万古去，古代合鼓在占求。

**123.**

阿吉哟夫人爱听，阿哟阿哈神韵好。

竹桥神铃奏好音，打答敬酒敬肉了。

大鼓大锣打阵阵，大铳大炮响得高。

欢呼鼓舞闹热很，震天动地上天朝。

大祖大宗喜盈盈，祖母祖父满意了。

**124.**

吕洞山区才议话，把话讲开了一层。

酿成九十九缸酒水甜酒花，甜酒舀送遍六亲。

九十九腿长凳大，坐上男子和女人。

苟母苟处肉官霸，报窝保命又保魂。

甲架报客到四下，建鼓结社在高岭。

跳完鼓歌才分家，一些走去一边行。

分支分姓分爹妈，分宗分族在此分。

# 第九章　迁徙简唱

1.

听我把这苗歌唱，你们听我唱起来。
歌中唱我苗族人，要唱苗族的祖先。
苗族祖宗的根源，七迁八徙到此间。

2.

苗族先人要搬迁，迁徙走出老家园。
从那大河两岸来，下游有七十一滩。
还有八十二个湾，都是一家人亲眷。

3.

呜呼呜呼呼，九天没过一滩涂。
木筏不比木船浮，木筏真的难划出。
噭嗬噭嗬嗬，九天没过一湾河。
木筏重了难划过，船重真的划不活。

4.

大家划船到了岸，陆地没有路可走。
理那溪沟上大山，阿哟阿哈齐声吼。
接起布匹上山涧，树藤扯人上山沟。
上到山头把气叹，要找地盘来养口。

5.

从那烂岩滩上走，往那烂沙滩上来。
白水黑水涨潮流，黄水浑水浪头宽。
系船系在大岩石，系筏系在大岩块。
经过烧坛烧歪口，烧罐烧得嘴偏偏。

**6.**

者吾者西迁一次，二次腊哈和腊兄。
占楚占菩山水秀，梅最梅见窄又空。
冬绒便潮云中走，泸溪泸岘水坝中。
绒善达者山背后，金龙黄土十字冲。
迁徙迁了七八次，八次迁徙到吕洞。

**7.**

上登瀑布大流沙，上面就是半空中。
来到龙孔和吉卦，让烈上过到金龙。
苟尼莽高山祖大，连接又到黄土坪。
建会结社就在那，发满各地坐满人。

**8.**

吕洞山区才议话，把话讲开了一层。
酿成九十九缸酒水甜酒花，甜酒舀送遍六亲。
九十九腿长凳大，坐上男子和女人。
苟木苟处肉官霸，报窝保命又保魂。
甲架报客到四下，建鼓结社在高岭。
跳完鼓歌才分家，一些走去一边行。
分支分姓分爹妈，分宗分族在此分。

# 古红歌卷

在苗族人民的传统观念中，一切值得贺喜庆祝的事件或活动都可统称为红事。古红歌是苗族人民在婚姻嫁娶、贺喜祈福、节庆祝福等喜事活动及弘扬正能量过程中所传唱的一类歌曲。

　　由于篇幅有限，本部分仅收录了以婚姻喜庆为代表的歌曲，包括慰宾谢客、开亲结义、敬佩赞美、古代媒人、分姓开亲、媒人求亲、插香过礼、酒席互谢、拦门互敬、福德九祖、恭贺新春、祝福吉言、做人格言十三种类型的歌曲。

# 第一章　慰宾谢客

1.
今天正值黄道，今日正逢吉星。
凡间好个日子，凡尘好个良辰。
主人好龙气，客人好福气。
再好不过，再美不过。

2.
今天齐了一堂嘉宾，今日到了一帮贵客。
齐了舅爷舅亲，到了外公外婆岳父岳母。
齐了姑娘姊妹，到了姐妹女儿。
齐了新亲新眷，到了古亲古眷。
齐了五方的亲，到了六面的戚。
齐了朋友相好，到了远亲近邻。
齐了房族的亲，到了近亲的眷。
一齐欢喜来到我们家中，聚会欢笑来临我们家内。
欢聚一屋团圆美满，坐在一处美满团圆。
欢天喜地，喜笑颜开。
我们主家喜在心头，我们主人欢在心内。

3.
奉请大家要留言，听妹把歌唱一篇。
做客你们到这边，亲朋各处到此来。
抬这礼行都很满，再有重担有几千。
镜瓶和那大红彩，爆竹震动到天边。
钱币抬来几万千，大大款子数不完。

糖食果品用担担，粑粑糖饼摆成连。
礼炮放得震动天，天摇地动名远传。
费力你们众亲眷，喜贺今天费心间。
差我们地方不窄走不开，烟茶礼仪不周全。
天宽地窄要莫管，让你们行走坐卧为了难。
对人不住没得脸，无面来见众客眷。
柴火不好差饭菜，让你吃饭见碗酒见罐。
豆腐也没得一块，酸汤无油不听盐。
总要把心放得宽，宽想远看要宽怀。
好情我们记心间，记住万代到千年。

4.

一堂嘉宾，一屋贵客。
你们都是人间的君子，你们皆是世上的大人。
你们都是大官大员，你们都是好亲好眷。
你们从那大乡大村走来，你们从那大村大寨走出。
走的是大路大道，行的是大谷大峡。
你们抬那大挑的糯米，你们挑那大担的米粮。
带那银钱而来，抬那金宝而来。
挑那重担而来，抬那厚礼而来。
带那绫罗绸缎而来，抬那彩绸彩缎而来。
放响震天的鞭炮而来，燃放动地的礼炮而来。
吹那唢呐而来，奏响长号而来。

5.

走成一路，结成一道。
如那龙舞，似那凤行。
苗区走过数寨，客地走过数街。
是人见了也都花眼，是众见了也都呆目。
好名让人去讲，好誉让人去传。
好名让人传遍人间，好誉让人传遍凡尘。
好名让人传去千年不忘，好誉让人传去百载不丢。

6.

你们抬来贺礼成堆，你们送来贺礼成团。
银圆金宝，钱币富价。

糯米小米，大米黏米。

绫罗绸缎，红绸彩缎。

大朵大花的绫罗，好花好样的绸缎。

送来满屋满宅，摆来满堂满殿。

摆来成堆，放来成团。

长匹短匹，大匹宽匹。

金盆银盆，亮盘光盘。

宽镜有鸟，贺联大匾。

毛对边筐，纸对长匾。

千种百类，千物百样。

抬来成路，送来成道。

7.

送来我家装登装满，送到我屋摆满摆遍。

成堆的礼品，满屋的贺礼。

堆积如山，堆放如岭。

装满两个三个大仓，堆满两个三个大库。

库底扎满，库顶扎实。

千年也喝不尽，百载也吃不完。

你们的重情我们记了，你们的厚谊我们领了。

千年也记不丢，百载也忘不了。

感谢嘉宾，多谢贵客。

8.

你们带兄带弟，带父带子。

到家到宅，到堂到殿。

把你们费心费力了，把你们受苦劳累了。

主人家道贫寒，主家身居陋巷。

让你们弯腰才能进屋，让你们低头才能进门。

座椅歪倒，座凳歪斜。

让你们居来不稳，坐来不安。

天宽地窄，拥挤不堪。

委屈了你们的龙驾虎驾，累坏了你们的龙鹏大驾。

9.

　　你们莫管——

　　大家要做宽心，要做大肚。

　　大家宽心耐烦坐，大肚耐烦居。

　　要看远些，要看宽些。

　　好丑都是自家的亲戚，再差也是自己的眷属。

　　一堂嘉宾，一屋贵客。

　　你们的重情我们记了，你们的厚谊我们领了。

　　记去千年，领去百载。

　　不忘不丢，不弃不掉。

　　感谢嘉宾，多谢贵客。

10.

　　做客来到我们家，走亲你们到这里。

　　哥兄老弟都来也，各处亲朋来贺喜。

　　抬钱抬米抬得大，又费心来又费力。

　　爆竹吼声震天涯，地动天响真热烈。

　　抬彩抬屏拿来挂，万紫千红好光辉。

　　天宽地窄你莫骂，少了凳坐你莫怪。

　　少茶少水不像话，又少香烟送你吃。

　　少酒少肉莫讲话，饭菜不好对不起。

　　吃饭只有酸汤下，对人不住我心虚。

　　客来应当是客大，安排不到愧心里。

　　陪情不起情记下，富了以后把情陪。

11.

　　昨日之先，前天之时。

　　家中要到吉期，家下要待贵客。

　　我们聚集房族兄弟，聚会叔伯父子。

　　聚在一屋，坐在一处。

　　我们兄弟商量，父子商议。

　　商量怎么招待嘉宾，商议如何接待贵客。

　　大哥去找羊兄没有找到，老弟去找猪弟没有找着。

　　转身去找鸡嘴没有得见，举步去找鸭嘴也没遇着。

　　左路不通，右道不开。

　　前头没见，后头没遇。

**12.**

只有去喊豆兄豆弟，只有去寻青菜萝卜。

嘉宾到了门外没见鸡爪印，贵客到了门边没见猪脚印。

左边没见鸡毛，右面没见鸭毛。

只有用那豆子豆荚来请贵客，只有用那酸汤青菜来待嘉宾。

**13.**

我们家中贫困，家下贫寒。

身上缺钱，手上少银。

狗窝也空，猪圈也无。

仓中少粮，桶内少米。

碗柜少油，罐内少盐。

锅中少菜，碗内少食。

还有灶头东倒，锅架西歪。

灰不堪看，黑不堪视。

没有一点好瞧，没有一处好看。

加上柴火欠缺，瓢盆简陋。

冷水来煮，热水来吃。

热水没有油星子，汤水没有着盐味。

让你们吃菜见盘花盘底，饮酒见罐底罐花。

一点也闻不到好吃好味，一些也得不到好喝好饮。

**14.**

我们主家，一帮主人。

名声丑了，名誉坏了。

名声丑遍四方，抱愧到那源头。

真的对不住你们贵客，实在愧对你们嘉宾。

你们再三宽怀来容量，大肚大量来容情。

莫管好丑，得饱算了。

好丑莫管，得饱算了。

这一回呀——

再穷也是你们的亲，再贫也是你们的眷。

披烂蓑衣也是你们的亲，戴烂斗笠也是你们的眷。

你们管他——

你们要做宽心，要做大肚。

要做宽心慢慢喝，要做大肚慢慢吃。

好丑要喝送醉，好差要吃送饱。

16.

我在这里和你们商讨，我在此间与你们恳求。

屋舍简陋你们也要居，条件再差你们也要坐。

椅凳矮小你们也要就，拥挤不堪你们也要受。

饭菜差了你们也要容情，伙食太差你们也要容量。

你们要做宽怀，大家要做大肚。

要做宽怀耐烦居，要做大肚耐烦坐。

你们大人君子肚量大，宰相肚内行得船。

要看得远，要想得宽。

好丑也是自家的亲，再差也是自己的眷。

16.

一堂嘉宾，一屋贵客。

你们的重情我们记了，你们的厚谊我们领了。

记得千年，记得百载。

不忘不丢，不丢不弃。

感谢嘉宾，多谢贵客。

# 第二章　开亲结义

**1.**

盘古开天传知后，立在古书不是假。

自古男以女为受，夫妇和睦家才发。

姻缘要等天生就，称赞不成推不垮。

门当户对把桥斗，两边都愿才成家。　　斗：方言，指接起来。

费钱费米两三次，等望一日把女嫁。

发家兴旺人才有，兴旺发达富贵花。

**2.**

讲那原来的日子，说那过去的时候。

我们两家还未开亲，大家两边还没结谊。

常常还是老亲老眷，古亲旧眷。

我们都是祖宗的亲，常常都是父母的眷。

都是老亲老眷，连亲共眷。

**3.**

我们娘婆二家，某某二姓。

也是九朝皇帝九朝亲，十朝皇帝十朝眷。

一下你们做舅爷，我们做外甥。

一下我们做舅爷，你们做外甥。

前代连成深厚的古亲，后代结成广大的旧眷。

共一井泉饮水，同一山林打柴。

共一地处放牛，同一地方放猪。

田土相连，地土相接。

共井饮水得到长气，共树歇凉得到好力。

白天放猪相伙，晚上赶回相共。
炊烟盖你盖我，烟雾盖我盖你。
白天是兄是弟，晚上是亲是戚。

4.

常常都是走动的亲，往往都是互爱的眷。
连亲深厚发达兴旺，结谊深厚兴盛繁荣。
如竹多枝叶，似木多枝丫。
如竹发来满山满岭，似木发来满谷满峡。
后来发登旺满，发多旺大。

5.

连亲连去五方，结谊结去六处。
我们才隔久未走，隔久未行。
亲眷丢成生人，眷属丢成路人。
近处成了远处，亲人成了生人。

6.

过去的日子，原来的时候。
我们听说你们某姓，
有位龙王小姐，有个凤凰小妹。
有个美丽的女儿，有位美貌的贵女。
前头好美，后头好样。
生得天姿国色，美貌如花。
如日初升，似月初出。
白如雪花，亮似冰玉。
如那龙王小女，似那凤凰小姐。

7.

好双纺纱的巧手，好双织布的巧手。
女儿得好花卉种谱，嘴巴记得好歌话种。
知大知小，知礼知仪。
知情知理，知进知退。
知条知规，知多知广。
通文通智，伶俐聪明。

8.

我们的小子见了爱在心中，小伙见了想在心内。

左边有亮的星子他也不观，右边有亮的星辰他也不看。

白天数那树叶草叶，晚上数那星斗星辰。

一会又见小姐幻影，一会又见贵女幻象。

9.

太爱你们的一个好缘法，太想你们的一位好配头。

这才两番三番，三番五次。

奉请三媒六证，红媒大人。

拿铲开路，拿锄开渠。

做水渗那岩块底层，做肉透那骨块底面。

做云背雨，做水通船。

如竹打通节眼，似木钻通树心。

想和你们——

旧裙重补新带，旧衣重补新领。

重开新亲，再结新眷。

女儿和你们讨一个，贵女和你们求一个。

谷种和你们讨一把，米种和你们求一束。

10.

我们的红媒公老，介绍大人。

木豆当、西太后，三媒六证。

这才牵白脚的驴，骑花腿的马。

高坡他上，陡岭他下。

抬脚来走，举步来行。

来到你们的楼门，楼门你们没关。

走进你们的大门，大门你们没闭。

进了楼门，过了大门。

来到家中，坐到家内。

虔心和你们讨，诚意与你们求。

油嘴和你们讲，滑舌与你们求。

11.

你们父母商量，兄弟商议。

兄弟商量，父子商量。

你们不分不异，你们不烦不弃。

真是大人君子，实是肚大容人。

祖宗的好孙，父母的好儿。

都是龙生龙子，虎生豹儿。

都是凤凰之邦，龙鸟之群。

12.

下水蚂蟥不敢吸血，上山老虎不敢吃肉。

大人君子，宽宏大量。

大人大家，大礼大仪。

圈中有驴有马，桶中有金有银。

千家万本，老本大户。

好名让人去讲，好字让人去传。

13.

感激你们把我们看中，感谢你们把我们看上。

我们小你们也不嫌小，我们矮你们也不嫌矮。

没有看不起我们贫穷，没有看不上我们痴呆。

我们小你们把我们看大，我们矮你们把我们看高。

你们宽宏大量，你们容情容量。

14.

我们都是很厚的亲戚，很久很深厚的眷属。

古亲旧眷，老亲新眷。

旧裙重补花带，旧衣重缝衣领。

九朝皇帝九朝亲，十朝皇帝十朝眷。

白天是兄是弟，晚上是亲是眷。

同井共饮清泉得到福禄，同树共坐歇凉得到力气。

如竹发得好叶，似木长得好枝。

15.

你们才兄弟商量，父子商量。

不收不留，不嫌不弃。

开笼放鸟，开弓放箭。

开门放口，开口放话。

开口才允，开言才送。

谷种你们送了一把，米种你们送了一束。

送给我们拿将去播去种，送给我们拿将去栽去插。

播去土中发出千株千丛，种在土内长出万双万对。

发来满山满岭，多来满坪满地。

**16.**

女儿送给我们一个，小姐送给我们一位。
不放是你某家的女，放了是我某家的人。
送给我们做女做媳，送给我们做发做旺。
前头好来待人待客，后头好来承接香火。
好来承根接祖，兴家旺业。
做旺做大，做发做登。
做富做贵，做繁做荣。
如竹发来满坡满岭，似木发来满坪满地。
发如群虾，多似群鱼。
居来满坡满岭，坐来满村满寨。
居来满坪满地，坐来满峡满谷。

**17.**

送我们身而子，子而孙，
自子孙，自贤孙。
发人发家，发千发万。
发达发旺，发富发贵。

# 第三章　敬佩赞美

1.

今天听了你的几首好歌，今日闻到你的几篇好话。
听你高谈，如雷贯耳。
闻你阔论，似电触目。
真乃百闻不如一见，百听不如一临。
今天听你连说成章，连讲成篇。
吟诗流畅如那涌泉流水，讲话流利似那龙蹬下河。

2.

谈今论古，吟诗诵赋。
高谈阔论，出口成章。
嘴马言谈，口若悬河。
谈吐不俗，滔滔不绝。
真是大官的儿，贵族的孙。
政界的官，皇帝的臣。
龙王的子，凤凰的蛋。
龙生龙子，虎生豹儿。
乃是书香子弟，名门之子。
将门之后，文才之家。

3.

看你通书达礼，通文达仪。
四书皆通，五经全熟。
无有不精，无有不读。
真是才高八斗，学富五车。

真才实学，名不虚传。
知条知款，知书知文。
知礼知仪，知多知深。

4.

还有详寻古，知始终。
精国语，通辞赋。
谈三纲，论五常。
知天罡，识易数。
辨六壬，懂星宿。
精阴阳，通三才。
上知天文，下知地理。
前知五千年，后知五百岁。
《六韬》《三略》，无有不熟，
九宫八卦，无有不精。

5.

这样出口成章，开口成文。
引经据典，博学多才。
横竖皆通，辩才无碍。
乃雄才大略，是足智多谋。
博今通古，引古证今。
诗词歌赋，样样全能。
古云七步成诗，胜过古人。
通情达理，举世闻名。
文才盖世，子曰诗云。
举止端庄，文质彬彬。
出语有条，理论有根。
词语精华，无穷无尽。

6.

在庭主客，洗耳恭听。
人人佩服，个个震惊。
是人听了也都震撼在心，大众闻到也都震惊在肚。
震在心中，惊在肚内。

7.

差我面上，不学无术。
家贫苦寒，生活贫困。
无知无识，天生粗笨。
蠢人呆人，笨人愚人，
蛮人粗人，苦人穷人。
虚度年华，不识文章。
肚内无才，言迟口钝。

8.

有讲无有对答，胆战又加心惊。
你们有来我也无往，羞红耳根。
搭陪不上，抱愧在心。
知惭知愧，无处藏身。
恳求饶恕，手下留情。

9.

今天我们是苗人陪客，不是汉人陪官。
苗人陪客，我们少歌少话。
汉人陪官，我们少书少文。
女儿没得祖宗的花卉种，男儿没得父母的歌话种。
陪情不到，搭陪不上。
求你开恩，请你原谅。

10.

和你乞求，与你要求。
宽宽地想，远远地看。
远看远看，莫看当面。
肚要放宽，心要放大。
你要做那——
大人君子肚量大，宰相肚里能撑船。
做那富人容穷人，做那乖人容愚人。

11.

你的好情我们领了，你的好话我们记了。
大恩大情不忘，永远记在心中。
领在心中，记在肚内。
领去千年，记去百载。

# 第四章　古代媒人

1.

古时梁文王家有一小子，过去杨五王家有两小女。
小子名叫梁巴山，小女名叫杨妹姐。
一双小女，两个小姐。
白如银块，亮似金光。
如日初升，似月初出。
如花才开，似果才结。
白光白亮，白美艳丽。

2.

前头好美，后头好样。
美如桃花，艳似李花。
天生国色，美貌如花。
织布巧手，纺纱巧活。
织布好光，织锦好面。

3.

让那小伙梁巴山，
看到爱在心中，瞧见想在心内。
想在心中，爱在心内。
想那小姐，爱那贵女。
想那美样，爱那美貌。

4.

白天心中也都在想，晚上心内也都在爱，
他也白天数那树叶草叶，晚上数那颗颗星星。

吃菜没有胃口，吃饭没有味道。

吃菜不坐肚中，吃饭不居肚内。

爱得没方，想得没法，

脸上没有血色，身上瘦了皮肉。

5.

梁文王这才看见，暗地操心。

富翁这才看到，这才担心。

知道孩儿已到成亲之时，小儿已到结婚之期。

这才四次五次，五次三番。

奉请木豆当——　　　　　　　　木豆当：古代媒人的名字。

请你去探路开亲，要你去探道结义。

6.

挖通水沟，

谷种要去讨取，米种要去讨求。

开亲有路，结义有道。

大坡要上，大岭要下。

走了七番八次，去了七道八道。

开亲才成，结义才就。

两家这才开亲，两姓这才结义。

世间才有路走，人间才有路行。

7.

古时杨王生两妹，共父各母不同娘。

生得好好长得美，人才美貌好模样。

主子重明才起意，看见美女心中想。

才请媒人去商议，走去她家讨婆娘。

# 第五章　分姓开亲

1.

龙父凤母为前代，后代养人在凡间。
五姓才苗是他喊，一十二姓共祖先。
凤母才把姓名变，开亲结义发起来。
养儿养女一大串，发达住遍满人间。

2.

谈今讲古人人爱，各样话题都讲了。
过去古代都讲遍，商议要把歌言考。
差我呆人的方面，要讲古话不会搞。
满屋人多都灵便，尽是通情达理人。
讲了前朝讲后代，开天立地到前朝。
不会重复把话谈，随后我来唱歌谣。

3.

祭祖祭在转求，椎牛椎在转帕。
祭祖也都顺畅，法会也都顺利。
几个得兰。
人们还没跳鼓一圈，他就跳了三圈。
人们还未走完一程，他就走了三程。
藏刀把，暗利刃。
跳鼓守着姊妹，转鼓护着妻室。
众人怕他犯规，大家怕他坏事。
天还没亮就喊他走，天还未明就叫他行。
兄走去到龙声，弟住到磅柔。

兰果放到夯共，兰奶放到达雷。

走了一名一姓，分了一父一子。

今后他们不再跳鼓，此后他们不兴椎牛。

如竹他发满坡满岭，似木他发满坪满地。

4.

鼓舞两次走两圈，得奶面上就起心。

是人见了才相劝，天还没亮放他奔。

奶果奶乖走串串，建家安住坐夯庚。

一宗一父从此开，一名一姓在此分。

5.

讲到吴家：

吴山宝立几容，吴山贵住窝酷。 几容、窝酷：地名。

比干在卧龙坪，洞鲁立丙池。 卧龙坪、丙池：地名。

吴金立黄岩，吴银立排碧。 黄岩、排碧：地名。

他们都是大人君子，他们都是宗支大姓。

发来满山满水，坐来满坪满地。

去了两个的兄，分了两支的弟。

6.

两位吴家好人才，山宝山贵坐吉营。

吴金吴银——

立在排碧到黄岩，背干背锤卧龙坪。

发好养大人坐满，做发做旺大繁荣。

7.

讲到仡僚：

祖上共有兄弟三个，从前共有兄弟三人。

名号称为补莎、补首、补叫。

补莎立在坡头幸福，补首立在老寨留兄。

打炯立在牛角，录孺立在让烈。

打弄坐在洞庆，达瓜坐在补麻。

得奶立在排不美，桥保立在卧大召。

8.

龙家补莎好才子，补首、补叫一起大。

定居矮寨的坡头，流信村内坐满家。

"大共录孺"——坐在"补格让奶"留，
"得兰桥保""大弄大瓜"——大召补美洞冲大。
如虾发好满水游，住满坐遍地方发。

9.
讲到廖氏一姓：
大哥叫作廖明，老弟叫作廖姓。
廖明立在吉信场，廖姓立在杆子坪。　　　　吉信场、杆子坪：地名。
得那大水大溪，得那大岭大山。
坐得满山满溪，居得满川满坝。
以后发了很多，后来发得很旺。
坐得稳稳当当，住得扎扎实实。

10.
讲到廖姓人人知，安家安在杆子坪。
坐在河边的岸头，还有大山好开垦。
做发做旺喜悠悠，如鱼发好满繁荣。

11.
讲到罐蔸，说到罐柔。
他们的祖先叫大钱，后来养育了徐甲巴标。
徐甲巴标，传说兄骗弟，父骗子。
徐甲他才心里不爽，肚内不乐。
才离本乡，才弃本土。
去立龙坛之地，雅桥板塘之处。
巴标这才倒转地楼，倒安火塘。

12.
他生他柔、秋柔、阿首、阿油、他保。
他柔去立补毫，秋柔去立芷耳。　　　　补毫、芷耳：地名。
阿首去立打瓦，阿油去立岩罗。　　　　打瓦、岩罗：地名。
他保去立便绒夯图。　　　　　　　　　便绒、夯图：地名。
父子皆是大人君子，兄弟都是老实本分。
发如群虾，多似群鱼。
发达兴旺，万代繁荣。

**13.**

讲到石家一姓话，老人大田坐这里。

立在强图到容瓜，徐甲巴标他养齐。　　强图、容瓜：地名。

谢甲他去溜当坝，大哥巴标倒炉居。　　溜当：地名。

他柔、秋柔、阿首、阿油和他保。

五个弟兄齐长大，立在补毫吉瓜到岩罗。　　补毫吉瓜：地名。

小弟他保便绒立。

人也好是财也发，发如鱼虾多如水。

**14.**

讲到阿兰卡绒：

阿兰卡绒，才养老首、老远。

老首立在九板，老远立在九水。

坐在吉卫高头，迁到比周毛平。

坐得满山满岗，坐得满坪满地。

分了六宗六族，去了六名六姓。

坐得兴宗旺祖，居得先祖耀宗。

**15.**

阿兰卡绒发成帮，做荣发好在那里。

他养老周和老堂，坐满几江到吉卫。

久半久水大地方，安家得好大平地。

**16.**

讲到阿梅卡夯：

阿梅卡夯，他生老周老堂。

他们立了夯然，他们坐在加卡。

立在大兴大寨，立在小兴小寨。

他好一条一溪大河，他好一条大冲大川。

发如群虾，多似群鱼。

分了七宗七祖，去了七名七姓。

**17.**

讲到阿梅卡夯：

夯然加卡他去居。

老首老远坐苟先，河湾滩上把屋起。

发好发多发得快，男女老少都满齐。

**18.**

还有一个佐灌，他是四古老人。

他生比首立到雷公，他养比闹住在豆子。

得江立在夯寨，巴拔住在高抓。

洞尼立在翁科，洞油住在翁坪。

补齐立在补共，兄休住在苟主。

好兄好弟，好群好众。

去了八名八姓，分了八父八子。

**19.**

老人四古听人念，养多一屋好儿孙。

背首、背闹多成片，立在豆子、雷公村。

得江巴拔坐夯寨，立到翁科坐满坪。

补齐兄休补共占，兄休坐在苟主岭。

**20.**

朴单佐下，老祖老芈。

七十七岁，两妾两妻。

八十八岁，两婚两娶。

九十九岁，又娶阿娘烂子高。

他生他米、让龙、剖豆、达卡、老剖、老袍、阿首、阿羊。

他米坐在溜豆，让龙住在广车。

剖豆坐在麻连，达卡住在吾茶。

老剖坐在几都，老袍住在半久。

阿首坐在补奶，阿羊住在腊乙。

去了九名九姓，分了九父九子。

他们好人好众，他们好众好群。

都是一些大人，更是一帮君子。

发来满坡满岭，育来满坪满地。

**21.**

老人老芈是好汉，九十九岁好功能。

金孙银儿一大片，达卡立在吾查村。

他米让能坐一线，溜豆共穷宽得很。

几都板久好呼唤，腊乙补奶坐得稳。

22.

　　讲到得卡：
　　他们坐在五绒，他们立在半休。
　　立在小河水田，坐在苗绒五连。
　　有溪有水可以捕鱼，有山有岭可以撵肉。
　　女儿也都养大，男子也都养成。
　　发来满山满水，旺来满坪满地。
　　去了十名十姓，分了十父十子。

23.

　　梁家他坐到水田，坐在水田好地方。
　　保靖连接到花垣，女儿男子都生养。
　　做发做旺发得快，禾卡的人很高尚。

24.

　　讲到仡徕：
　　田拿哈，立子花，不吃鸡。
　　田老吼，坐蓬湖，不吃狗。
　　去了一十一姓，分了一十一名。
　　生了一十一支，发了一十一宗。

25.

　　田那哈他立禾莎，田老吼他坐朋吼。
　　田家的人坐子花，还有沙科和沙柳。
　　禾莎的人不吃鸡，朋吼的人忌吃狗。

26.

　　他们就是杨登千，他们就是杨登万。
　　登千登万，才生杨孔来、杨孔谢。
　　孔来、孔谢，才生杨孟、杨子。
　　孔来、孔谢立在乾州、吉首，杨孟、杨子立在杨孟寨。
　　他们真是将门之子、将帅之才。
　　水里蚂蟥不敢吸血，旱地虎豹不敢食肉。

27.

　　杨家登千和登万，孔来、孔谢强得很。
　　杨孟、杨子养成片，女儿男子都养成。
　　坐在吉首大地盘，禾周篓痛坐得稳。

**28.**

一起迁徙一路来，立家建园遍地荣。
立在保靖到花垣，古丈连到龙鼻村。
凤凰立到腊尔山，乾州直到得石营。
贵州松桃和四川，苗族各处都坐登。
云南境内也坐满，各方大地坐多坪。
不同姓氏把亲开，人养送我我送人。
完全都发得满满，发似水中鱼虾群。
里面根由我不全。
我唱这些——不知合不合古根。

**29.**

前代先人我们都是听人讲，以后生育凡人来。
繁衍儿孙养成群，他是人类的祖先。
讲那客子客孙们，他们本是巧心怀。
他把前代先人杀，得文得字他有才。
客家他们真狡猾，住在城里坐大街。
苗儿才把农具拿，商量要去找地盘。
理着溪沟沿岸走，一路走到泸溪来。
祭祖闹热名声大，迁上吕洞大高山。
来到吕洞又商量，把话商量在此间。
做成九十九桶米酒和水酒，甜酒舀送亲朋先。
九十九凳好腿脚，又坐女人又坐男。
够木够处做刀手，乌鸦它来保魂安。
喜鹊飞去把客报，邀人呼众打鼓来。
打了马上分开去，一帮走去一方山。
才分姓来又分族，分姓分族在此间。

**30.**

分姓分家在这里，完全有书让人讲。
聪明人讲是好理，讲话一点也不慌。
一十二姓老祖起，完全得到坐安方。
得兰他在补共坐，夯共达雷起屋场。
吴家的人很可以，几容禾库安家堂。
吴家吴银——

坐在黄岩和排碧，毕锤卧龙是他乡。
龙家坐在排兄地，勾格排鲁到寨夯。
打弄达瓜——
坐在补麻洞冲去，补梅抓叫是老堂。
廖明坐在得十意，廖姓坐在干子场。
石家大钱老人立，具仁夯图他先上。
徐家巴标子孙为，兄弟不和才搞慌。
徐家立在吧穷里，巴标倒居地楼堂。
养了一些好子弟，阿首阿油一起往。
阿首立在岩罗去，秋柔坐在止耳塘。
他保小儿他伶俐，吧仁夯图好山梁。
麻家坐在久排久水都得力，坐在九里大地方。
还有一个石家四古——
养子很多发得齐，八个弟兄有搞场。
吾哭牵连到吾立，告抓又立到寨夯。
比首比闹雷公去，豆子坐在这一方。
施家姓氏去立地，老首老远大兴乡。
田家他在沙科去，还有选得蓬湖夯。
隆家老人叫老米，九十九岁讨新娘。
养子许多好子女，让龙坐在广车塘。
剖豆达卡半坡立，几堵排久半山岗。
腊乙补奶两边去，都是宽坪好地方。
梁家坐在五绒水，一边立到水田乡。
杨盂杨子立杨盂，七寨杨家坐满岗。
发如虾子多如鱼，不同姓氏把亲讲。
我讲不出那么细，你们打后作文章。

31.

椎牛到齐人都来，五名六姓都来请。
讲了吴家石家连，麻家也讲出来听。
穿出一串像扯线，一串一路讲得明。
没有一点让我谈，再后把歌唱一程。

**32.**

一十二姓都讲完，送我在后又来唱几声。

不知对错全不全，若错也要唱一轮。

卡比连接锁里寨，是那麻家骨头硬。

夯然加卡他去安，杨家不断刀枪轮。

吴王坐在冬马连，立在斗金这一程。

还有客人的方面，立在矮寨到郎坪。

大兴河到小兴寨，还有帮交和帮金。

谢家他坐哪里面？他走下土排不转身。

还有留兄的老寨，龙家大族这里兴。

田家立到蓬湖安，坐在紫花路当紧。

梁家他去立水田，他坐屋场久爬轮。

开亲结义得发快，照到古人的理论。

凡间的话不周全，若是不全帮补正。

**33.**

自好狂言紧乱吐，我也不顾羞耻是人蠢。

要唱古人怕出入，差错众人帮修正。

要讲上古时——

天地连合做一坨，日夜不分又不明。

混沌初开——

以后才来有盘古，斧斧相凿才得分。

好像打开的鸡卵，气之轻轻上为云。　　　　　鸡卵：方言，指鸡蛋。

沉重落下成岩土，才有三皇五帝治乾坤。

无极太极两仪出，四象八卦生周成。

五行金木水火土，才出万事万物兴。

天皇十二人头数，地皇生下十一人。

人生于寅——

九个好儿都齐出，九地发育无疆分。

我们古时没衣服，元始初初是猴群。

坐在山洞里面躲，野兽风雨坐不稳。

有巢氏——

构木为巢是他午，凡间开创起屋新。　　　　　午：方言，指做、开创。

那时人间没有火，要菜要饭要吃生。

燧人氏——
看见鹰隼啄木把树啄，钻木取火到凡尘。
人类不明会算数，使用结绳来记清。
伏羲氏——
改变结绳才造书，六合八卦有书文。
仓颉他才按照象形文字来把书做，忠信刻木作版本。
共工兵败自己牢骚出，发怒头触不周山。
天上垮了天多处，西北天上破天云。
女娲炼石才来补，五色岩浆补天轮。
男女成对是她来为主，用绳索泥巴来造人。
神农氏——
他才试尝百草药味苦，得病在身有药诊。
留下五谷传万古，有饭煮熟来养人。
无父婴儿实在苦，母亲名字叫姜嫄。
生下小孩被扔出，她是看见巨人脚印怀胎生。
小孩名字叫后稷——
种瓜种菜种作物，教人耕种五谷兴。
黄帝轩辕制衣服，芦苇创造播棉新。
古代人类兽皮补，种棉织布成衣裙。
人们欢喜笑脸出，做客出门穿衣新。
黑雾满天昏暗苦，不明方向造指针。
古时义吉造酒服，以后杜康醉分分。　　　　　　服：方言，指喝。
尧舜之时讲为古，要讲大禹治水十三春。
文王开创开亲主，要和武王来开亲。
媒人来牵红线舞，万古留后传此名。
歌言放下打止住，下集详细到你们。

34.
众人听我唱歌言，恐怕要来唱一点。
唱歌要理话根源，以前过去的根源。
蚩尤苗汉才分开，汉是客家苗族连。
传说盘瓠是祖先，人是无谋光勇敢。
炎帝坐在黄河把他撵，兵败入野跑出来。
坐在泸溪又被赶，跑到湘西大高山。

一路来到深沟间，一同来到吕洞山。
商量椎牛吃酒来，商议打鼓闹连天。
分出首先是得奶，他坐不成磨刀快。
坐守姐妹不自然，天还未亮放他先。
天还未亮放出来，坐到帮柔到龙岩。
一名一姓这里开，一祖一族在此间。
吴姓头苗他在先，三宝三贵在云盘。
吴金吴银——
立到排碧到黄岩，比干比锤卧龙安。
龙家补莎在后赶，补首补叫一起来。
立在坡头流兄寨，老家留信在这边。
立到补格到让奶，大召马鞍洞冲寨。
廖姓廖姓是人乖，安家安在杆子坪。
石家老祖是大钱，谢家巴标他子贤。
兄弟不和气生烟，
徐家他——才跑到土排不首转。
巴标倒转地楼板，地楼倒转向左边。
他柔、秋柔吾祖先，立在补好吉瓜是他寨。
阿首、阿油立在岩罗寨，小弟他保立吧板。
麻家的啊奶卡绒。
坐在九里是古传，他坐在久排久水。
再有施家他——
阿梅卡夯大兴寨，夯然加卡好地盘。
再有一个石姓的——
老人四古是好汉，比首比闹雷公安。
得江把拔坐夯寨，立到翁科大山间。
补其兄休坐对面，立到勾主到补山。
再有一个隆家他——
老人老芈是好汉，九十九岁老英才。
他养他米让弄——
立到溜豆广车那一线，达卡坐在吾茶排。
几堵半久坐半山，腊乙补奶坐分开。
梁家立到河水田，立在五绒板休间。

田家他——

立在蓬胡沙科寨，坐在紫花路中间。

杨家登千到登万，孔兰孔谢是好汉。

杨孟杨子——

立在高仇杨孟大路边，七寨杨家坐此间。

一起上到一齐来，一十二名十二姓，全全坐齐到此间。

坐在保靖到花垣，古丈连牵到吾连。

凤凰坐到腊尔山，以下坐到杆子坪。

贵州松桃和四川，自治县在铜仁管。

云南省内有一点，讲话有点不同言。

完全都发坐都满，男子女儿都养全。

不同姓氏把亲开，你我异姓开亲来。

前朝有例不可免，后朝依照不可偏。

依照从前古时代，发如鱼群虾群满。

《通书》里面不知全，我唱这些——

不知合不合古典？

# 第六章　媒人求亲

**1.**

今天好个日子，今日好个日期。
我们有意来到你们的家中，我们好意来临你们的家内。
来到烦扰你们一家大小，来临吵闹你们一屋老幼。
你们真的是那大人君子，你们真的是那君子大人。

**2.**

来到你们大门，大门你们也都不关。
走到你们楼门，楼门你们也都不闭。
走到大门，大门开得整整。
走过楼门，楼门开得齐齐。
你们取凳送居，你们拿椅送坐。
好情我也背好，好恩我也记住。

**3.**

我们从那讨家起来，我们从那亲家走来。
天上的星子给我引路，天空的星辰给我指道。
地上的路要我来开，山谷的桥要我来架。

**4.**

我们从那男家走来，我们从那讨家走来。
大溪大渠我要来理，大沟大道我要来开。
竹子我们要来通节，树木我们要来通心。
做水渗透沙堆石块，做肉要来连骨连筋。
做云要来背雨，做水要来通船。

5.

听说这里有那一缸好酒，听讲这里有那一罐好糖。
好酒我们要来开缸，好糖我们要来开罐。
听说这里有那很好的谷种，听讲这里有那很好的稻穗。
今天好谷我们要来和你讨一把，
今日好种我们要来和你讨一穗。

6.

小姐你们有一个，小女你们有一人。
前看好那身材身段，后看好那美模秀样。
是那龙王小姐，是那龙凤佳人。
生得沉鱼落雁之容，长得闭月羞花之貌。
天生国色，美貌如花。

7.

今天好谷我们要和你讨一把，
今日好种我们要和你要一穗。
回去播在土中，生出千丛万丛。
回转种在田内，生出千双万对。

8.

今天小姐我们要讨一个，
今日小女我们要求一位。
回去前面要她待人接物，
后面继承香火祖先。
如竹发送满坡满岭，
似木要发满山满谷。
送他发如群虾，多似群鱼。
发人发家，发财兴旺。
发富发贵，万代繁荣。

9.

我讲没有反反复复，我说没有曲曲直直。
是话你们要讲，不对你们要改。
侧身来听我讲的甜言好语，
侧面来听我说的好语甜言。
你们讲得也是，你们说得也对。

谷种我们真有一把，谷穗我们真有一穗。

我们种子熟了，谷穗壮了。

但怕你们眼看不起，恐怕你们眼瞧不上。

10.

小姐我们真有一个，小女我家实有一人。

前看不好身材身段，后看没有美模秀样。

她也没得祖宗的聪明，她也没有先人的才智。

怕她当不得他家的行，怕她承不了他家的气。

身骨轻了怕坐不得你们大房大屋，

身肉瘦了怕坐不住他家大宅大舍。

左边已有好星，右边也有好月。

恐你左边去求那好星才好，怕你右边去求那好月好些。

11.

我看清清，我瞧明明。

星子就是这颗最亮，月亮就是这里最明。

两边好材我们不爱，三处好美我们不爱。

一心要和你们来讨，一意要与你们来要。

12.

就是差我人蠢人愚，就差我们人愚人呆。

我们矮矮你们看成高高，我们差差你们看成好好。

你们不嫌不弃，你们不弃不嫌。

讨亲我们也成了亲，讨戚我们也成了戚。

我们再要商量女儿送肯，我们还要商议小女送愿。

慢慢等候佳音，不久会有好信。

13.

媒人你是——

修通道路修整齐，修成道路大又宽。

我们开亲来结义，好亲结下把你难。

修桥把你心劳累，冬夏热冷又熬寒。

好情记在人心中，写在本子书中间。

你的良心修好我们记，坐到古老的寿年。

我们空口来谢你，只用嘴巴把恩感。

**14.**

我们的媒人牵线，介绍搭桥。

我们请他来到家中，我们迎他来到家内。

吃了三餐肉酒，吃过四餐米饭。

大坡他上，大岭他下。

走了两次三次，行了三番四番。

来到你家大门，大门你们没关。

走到你家小门，小门你们没闭。

坐上你家大堂，居到你屋大殿。

麻烦你们两次三次，烦扰你们三番四番。

**15.**

他的嘴巴有油，舌头有盐。

他也细言和你们讨，他也细语与你们求。

谷种和你要讨一把，米种和你要讨一穗。

小姐要和你求一个，媳妇要和你讨一人。

**16.**

你们本是大人君子，你们真是君子大人。

这才请了你们哥兄老弟，这才聚了你们叔爷伯子。

聚到一屋，会集一堂。

你们这才商量商议，商议商量。

大家讲话，大众商议。

**17.**

你们不嫌我们的人蠢人愚，你们不弃我们的人愚人呆。

不嫌我们的人穷人苦，不嫌我们的寒苦家贫。

我们小人你们看大，我们矮人你们看高。

你们才开笼放鸟，开口放话。

开笼放鸟，要送成双成对。

开口放话，要送发家发人。

**18.**

你们答应放口，放口答应。

谷种送我们一把，米种送我们一穗。

新人送我们一个，媳妇送我们一人。

送我们发人发家，送我方发家发人。

前面要她待人接物，后面要她接祖承根。

发如群虾，多似群鱼。

如竹发得满坡满岭，似木发登满坪满地。

19.

今以天地为凭，今以星辰为证。

一村大小，一寨人众。

不放便是你某姓之女，放了便是我某姓的人。

左边的星子你们莫采，右边的星辰你们莫摘。

东边的启明星你们莫理，西边的启月星你们莫爱。

成亲成眷，成夫成妻。

# 第七章　插香过礼

1.

大路开通开得好，大路开通到我家。
红媒开亲费心了，修桥铺路费嘴巴。
鞋子穿烂费心劳，劳累费心汗水洒。
口中油盐有一套，嘴巴实在会口夸。
不嫌我穷财富少，总讲全堂一朵花。
过礼插香把信报，请得先生算得发。
子丑寅卯八字告，甲乙丙丁算不差。
吉星红日来高照，吉日插香过礼花。
大米抬来几十挑，还有猪肉和粑粑。
酒糖满满箩筐挑，新布银饰摆成沓。
茶盘又摆金银料，再有银钱几万吧。
爆竹声响真热闹，天响地动震天涯。
插香过礼费力了，费心费力你亲家。
当客主人把皮哨，当客我当得最差。
锅子没有肉来炒，豆腐没有油来炸。
总是我穷家财少，你们来重我配差。
再要作歌陪来到，怎么好脸见亲家。

2.

吉日你们过来插香，良期你们前来过礼。
你们哥兄老弟，叔爷伯子。
担谷抬米，担酒担肉。
担财担钱，担糖抬粑。

抬米满箩，抬粮满筐。
抬酒满罐，抬肉满担。
抬钱大沓，抬财大包。
抬糖满担，抬粑满箩。

3.

抬那五十一起，六十一路。
苗过多寨，客过多街。
行如舞龙，走似舞凤。
抬好让人羡慕，抬多让众感叹。
这等才是大富所为，如此真是员外所做。

4.

来到我们村口，走进我们村内。
你们烧那大封喜炮，你们放那大挂礼炮。
狗在村中吓得乱跑，猪在栏内吓得乱叫。
礼炮响彻天云，爆竹响震九霄。
大地也都震抖，天上也都震动。

5.

抬担成路，抬筐成队。
似人舞龙，如众舞凤。
来到我们家中，光临我们家内。
摆那担子满堂满地，摆那礼物满地满坪。
发亮发光，金光银亮。
送我粮仓装满，谷仓装登。
地下满仓满库，天上登顶登盖。
千年也吃不尽，万代也喝不完。

6.

一村好屋，媒公不引你们进去。
一寨好房，媒人不引你们进驻。
引来进这小屋小舍，引来进这穷家小户。
小宅劣舍，小堂小殿。
小途小路，小门小户。
你们要低下头才进得屋，你们要弯下腰才进得门。
真的窄得太窄，真的小得太小。
实在对情不住你们大家，真的对人不住你们人众。

**7.**

认亲我们到这里，媒人引路到此来。
今年我乡年成水，米桶没有米来摆。
哥兄老弟来几位，个个空脚空手来。
亲家宽想在心内，亲家老母要心宽。
到边招待很满意，猪肉牛肉都摆满。
再有鸡鸭肉摆齐，香味扑鼻多新鲜。
多谢亲家的客气，你们好情记心间。

**8.**

今天本是吉期，今日本是黄道。
媒人他帮作成佳偶，媒公他帮求得了新人。
我们喜在心中，我们爱在心内。
喜笑颜开，心情爽悦。

**9.**

开了新亲要走，新眷要行。
要走才好，要行才亲。
我们哥兄老弟，伢儿父子，
引来一帮，走成一串。
商量要寻亲家，商议要走亲戚。

**10.**

差就差我们穷家，本是小户。
少家少业，穷门苦户。
少那谷稻粮米，少那糍粑蜜糖。
少肉少酒，少钱少米。
少那糯米大箩大筐，少那糯谷大筐大担。

**11.**

厚起脸皮我们来走，厚起脸面我们来行。
大哥不像大哥，老弟不像老弟。
大哥抬的轻担轻礼，老弟担的薄礼劣物。
我们实在羞见主人，真的怕见亲家。
羞得我们恨得没地可钻，羞得我们恨得无处可藏。
真的对不起你们亲家，实在对不住你们主人。

**12.**

进了你们的大宅大舍，到了你们的大堂大殿。

你们真的是一方的富翁，你们实在是本方的富人。

龙生龙子，虎生豹儿。

你们起屋连天连云，砖房直入九霄。

你们山上好田好地，家下好家好业。

栏中有驴有马，仓库有金有银。

水中蚂蟥不敢吸血，山上老虎不敢食肉。

让我们得好一户亲家，让我们得好一户亲眷。

**13.**

一来便燃大火送烤，一到便拿高凳送坐。

笑脸迎接新亲，笑颜迎接我们。

没有嫌我少物薄礼，没有嫌我穷家小户。

送茶送水，送火送烟。

送凳送椅，送烟送茶。

待我们如同大官，接我们胜过员外。

还再送我们——

吃肉盘盘装满，吃饭碗碗装登。

桌上摆满似岭，桌中摆多如山。

桌上装满盛宴，桌中满盘盛席。

吃饱肚满，喝醉肚胀。

# 第八章　酒席互谢

1.

今天吉日我家接亲，今日良辰我家接媳。

天上紫微高照，福禄寿喜光临。

黄道人发，吉日家旺。

发家发人，发富发贵。

2.

两张三张开亲大桌摆到中堂，一十八个大凳摆在四周。

搬出大坛，抬出大罐。

搬出大坛倒得好酒、烧酒，抬出大罐倒得甜酒、旺酒。

酒发酒旺酒喜酒爱，酒富酒贵酒禄酒寿。

八碗装满满，八盘满满装。

摆在大桌之上，摆好大桌之中。

3.

还有肠肝肚肺，五脏里肉。

猪肝猪杂，猪杂心肾。

八盘八碗，八小八大。

摆在桌中，摆到桌上。

还有那些粑粑糖块，还有那些瓜子花生。

茶水茶杯，香烟香雾。

全部摆好桌中，全都摆上桌面。

是人见了都喜，是众瞧了都爱。

4.

　　主家商议摆酒席，金筷银桌满碗酒。
　　肠肝肚肺都摆齐，真的香甜好口味。
　　个个讲话声如雷，人人都说古根有。
　　让我在后唱歌来搭陪，婚庆要唱歌几首。

5.

　　今天齐了主家客众，今日齐了亲戚六眷。
　　哥兄老弟，叔爷伯子。
　　岳母舅丈，姑娘姊妹。
　　舅爷后辈，媒人红公。
　　五方好亲，六方好眷。
　　大爱喜在脸目，欢在脸面。
　　喜在心中，欢在心内。
　　喜笑来到这里，喜欢来到此间。
　　坐满一堂团圆聚会，围成一圈喜笑颜开。

6.

　　女人得了新郎，男人得了新娘。
　　喜欢新人，喜爱新眷。
　　大家欢喜来到这里聚集，大众喜爱来临聚会此间。
　　大家要来歌唱，大众要来歌贺。
　　要唱古老的歌，要讲古老的话。
　　要讲祖宗的根，要说祖先的源。
　　要讲新婚的礼，要说宾客的情。
　　要讲吉祥话语，要说祝贺吉言。
　　要来理根理古，要来理祖理宗。
　　好语要靠大家讲，好话要靠众人说。
　　要靠你们甜言蜜语，要乘我们吉言贺词。
　　讲得快，发得快。讲得慢，发千万。
　　如竹发登满坡满岭，似木发登满山满岗。

7.

　　媒人要讲两三句，从头一二把歌玩。
　　工夫丢开不料理，穿烂儿双好球鞋。
　　一个出生一边地，两下隔水帮通船。

两边开亲结了义，嘴巴有油又有盐。
红线牵通两边喜，月到十五得团圆。
你的深情千年记，记在主人心里间。

8.

你是古老的木豆当，你是古代的西太后。
为了求婚把你费力，为了求亲把你辛苦。
夏天耽误你的农活，冬天耽误你的柴工，
夏天挨那蚊虫叮咬，冬天受那雨雪风寒。

9.

一条坡一天爬，一条岭一天下。
甜言和人去讨，蜜语和他去求。
讨亲也接了亲，求婚也成了婚。
女人你帮成嫁，男人你帮成婚。

10.

酿好一缸甜酒，酿好一坛蜜酒。
地下你架一桥，天上你架九桥十桥。
地上你开一渠，天上你开九渠十渠。
你真修好良心，你得增福延寿。
坐到祖宗的寿元，居过前人的寿岁。
坐如山川大石，居似古木大树。
坐如山河永久，居似山川永固。
你坐一千二百余年，你居一百二十余岁。
情重千年不忘，恩重百岁永记。

11.

今天吃肉请你坐在首席，今日喝酒请你坐居首位。
谢你一段小小差布，敬你一段差差小帛。
窄了拿去扯大扯宽，小了拿去扯宽扯大。
谢你两分小钱，敬你两角小费。
拿去发财发喜，拿去发多发大。

12.

舅爷我讲送你听，阿舅你是大根苑。
你是婆家的根根，发大发多满丫枝。
竹子在园竹子青，马鞭高上发竹子。

这苑竹子发大很，青绿满园旺气久。
今日酒席你用劲，费力舅爷我们知。
开亲我们是亲人，二面亲戚情义有。
讲多讲少都是亲，对情不住莫心忧。

13.

[讲舅爷]

竹好马鞭，树好根苑。
讲这舅爷后辈，说这后辈舅爷。
你们祖宗坐在龙堂龙殿，你们前人坐在风水宝地。
左边好那青龙，右边好那白虎。
前山好那朱雀，后山好那玄武。
你们发好发大，你们发家发人。
你是竹来发子，你做马鞭发笋。
前面好人，后头好众。

14.

小女也都长大，男儿也都长成。
今天小女到时出嫁，今日小儿到时成婚。
才来惊动你的龙驾虎驾，龙鹏大驾。
身如大山大岭，目似星星月亮。
送你费力辛苦，让你费精费神。
今天吃酒请你坐在大席，今日吃肉请你坐居大位。

15.

帮助两家言好，奉承两姓吉言。
谢你贵言讲好发快，照你的话发家发人。
你坐得长得久，你居得安得逸。
送你一床小被，敬你一块小单。
一份小钱，一串小费。

16.

感谢娘家把女育，口才不好来谢恩。
怀胎十月把苦受，受过很多的艰辛。
苦的阿娘吃进口，甜的让送女儿吞。
抱儿疼痛苦膝头，喂儿吃奶母殷勤。
养大嫁来我家走，忍下心头难割分。

分别如割心肝抖，好似割娘一片心。
如水下海要分流，如同蜜蜂分邦邻。
皇上不能养女子，会想也要想得清。
少钱陪情莫心忧，我们日后再还情。

17.

[开奶钱]
讲到正客亲家，说到新娘父母。
小姐真的养好一个，小女真的有好一人。
分从心肝，垮从心肺。
抱在怀中，爱在怀内。
哺乳哺有三年，喂奶喂了四载。
苦的自吞，甜的吐喂。
母卧湿处，儿睡干处。
坐也不安，卧也不逸。
受苦受了很多，受累受了很长。

18.

小姐这才长大，小女这才长成。
前看好模，后看好样。
好那身材身段，美那丽姐佳人。
如日方升，似月方现。
美如桃花，丽似李花。
今天小姐到时出嫁，小儿到时成婚。
你们通情达理，你们晓礼知义。
答应了我们的讨求，应允了我家的媒人。

19.

你们还送蚊帐门帘，锦被锦套。
衣柜钱桶，银竹上料。
送那长台靠椅，送那桌台椅凳。
金银首饰，颈圈耳环。
绫罗绸缎布匹，丝绸绫罗布缎。
大匹小匹，宽匹长匹。
金盆银碗，金杯银筷。
抬来成串，抬送成团。

摆来满屋，放来满房。
满坪满地，满堂满殿。
金光闪闪，银光亮亮。
是人都喜，是众都爱。

20.

你们哥兄老弟，你们叔爷伯子。
送亲来到，陪嫁来临。
今天吃肉奉请你们坐居上席，
今日喝酒奉敬你们坐在上位。
嫁了小女，别了小姐。
我们少礼，对人不住。
你们要做宽肠大肚，你们要做宽宏大量。

21.

歌言唱送引亲娘，挑选你个好美人。
起屋要选好木梁，发枝发叶从苑兴。
家内前后好全堂，膝下好儿又好孙。
头上父母更齐强，百岁再加二十零。
你来引亲是正当，发达发旺从此兴。
夫妇同老寿年长，龙凤朝阳光辉生。

22.

[谢引亲]
一个引亲娘，一位送亲哥。
你们都是好人高人，你们都是美女帅哥。
你们前头好人，你们后头好众。
齐人齐众，齐眷齐属。
如竹生好，似木生直。
这才奉请你来引亲，这才要你背姐出门。
你们半夜出门，五更出户。
上坡下岭，爬山过河。
出汗湿透衣锦，出力汗流浃背。

23.

来到我们家里，走到我们家内。
女儿今已成嫁，男儿今已成婚。

进屋我们少了你们的浓茶开水，
进户我们慢了你们的桌椅坐凳。
让你居得不安逸，坐得不自在。
吃菜没有听盐，吃汤没有着油。

24.
又窄又挤，不自不在。
今天少了礼物前来致谢，
今日少了礼行前来致意。
只是一份小钱，一块小费。
拿去买丝买线，拿去买丝买烟。
收了你们不要冷心，纳了你们不要冷意。

# 第九章 拦门互敬

1.

[主人的话]

今天好个吉日，今日好个良辰。

地上祥光闪，天上青云蓝。

吉日欢喜，良辰欢笑。

吉日接亲，良辰结婚。

今天齐聚了五路的亲、六路的客。

2.

新亲旧亲，古亲旧眷。

后辈舅爷，君子大人。

你们辈分最高，你们资格最大。

很是欢喜，我们后辈光临。

非常高兴，我们舅爷进门。

真的等望你们很久，实在盼望你们多时。

来了要迎，到了要接。

让你们费心费力，让你们费金费银。

3.

[客人的话]

好个日子外甥接亲，好个吉期你们请客。

你们龙神进家，喜神进屋。

女人成婚出嫁，男人迎喜接婚。

我们做这舅爷，我们是这后辈。

舅爷坐在大岩板中，后辈坐在大岩山上。

身上单衣，面上寡瘦。
少了礼物抬来，缺了礼品贺喜。
衣袖太短，手臂太长。

4.

这样无光无彩，这般无脸无面。
做这小人动作，似那穷苦所为。
你们要宽宏大量，你们要宽肠大肚。
远看一点，莫看当面。
日后发达兴旺，今后富贵繁荣。
发人发家，发达发旺。

5.

过午要来迎宾客，聚齐姑娘望迎门。
舅爷人众来多些，来到门外挤满坪。
姑娘唱歌来迎接，迎门歌唱多得很。

6.

祭祖报到你们边，祭肉你们抬一腿。
大祖等你把酒劝，元祖等你把酒吃。
迎接你们进屋快，作揖赶快进屋里。

7.

多谢舅爷费力你，下午快夜你到此。
林豆等你等不起，林且等你来劝酒。
要你一帮齐喝醉，做发做旺我们有。

8.

［迎母舅］
娘舅抬来很多担，九挑十担一起来。
还有许多的银钱，真的抬好多礼财。
九挑粑粑十担米，摆放不下放得满。
林豆同你一起在，林且和你一起来。

9.

［迎妻舅］
妻舅抬送多礼财，抬送礼财真的多。
粑粑大如月亮圆，糍粑大如大岩坨。
银钱满在身上戴，银首银饰满身多。
林豆和你一起来，林且等你劝酒乐。

10.

[迎姑舅]

姑舅费力来见面，真的费力你们了。
抬有金银和钱财，礼财百样抬得好。
糯米黏米都抬来，抬好都送主人了。

11.

[迎女舅]

女儿姊妹都来了，今日面上费力你。
你来做客好周到，抬大抬好大钱米。
主人心满他欢笑，今日发财主人喜。

12.

做客来到我们家，送亲来到我家歇。
你们花费了大价，嫁妆桶内银子塞。
费心费力都不怕，大众眼看最清白。
迎接你们亲热话，容颜喜笑闹热热。
总要把歌接一下，大家满意才闹热。

13.

来到我村来做客，做客来到我们乡。
你们来是嫁小姐，老班你们送老仰。　　仰：方言，指最小的女儿。
送亲花费一大些，花费银钱一大广。
花费钱米不可惜，四下扬名通四方。
来到门边要迎接，要求要来把歌唱。

14.

来到你家送小姐，你富我贫不同间。
酒席拦门把我接，边到这里边惊战。
嫁妆配女也没得，各样每得一点点。
想到这些丑情节，怎么有脸把口开。

15.

到边拦门把歌唱，你们好声音又好歌言。
嫁妆配女不像样，怎么有脸出声来。
陪情不起记情上，好情记住在心间。

16.

　送亲我们你家送，小女嫁到你家来。
　我们老弟和哥兄，亲戚六眷都到边。
　拦门你们把礼用，桌上酒肉放三碗。
　三杯三碗礼节重，一杯拿来敬上天。
　地脉龙神敬进贡，天大地大在此间。
　祖宗写在红纸中，国亲师位是家先。
　二杯要送红媒公，帮助我们把亲开。
　开亲结义浓又浓，亲戚两面望长远。
　三杯要敬客大众，人等房族都优待。
　我们大家来相逢，三班老少都喜欢。
　福如东海深水浓，各位寿老比南山。

# 第十章　福德九祖

**1.**

[福德大祖神]

丁财发旺来敬你，要敬祖神才发齐。
讲了古话把神起，奉请祖神先降临。
林豆林且住天居，我们是请你儿妻。

**2.**

林豆在上他管完，世间钱财是他管。
哪个坏心哪个害，常常送他穷光蛋。
没有一天坐自在，少钱没财不平安。
没有背湿要遭难，没有财运送他来。

**3.**

讲到一个良心好，做到哪里都顺手。
好钱好财都来了，白财好运顺了头。
钱来家中真不少，财源广进日日有。
今日请你把家到，户主金银堆北斗。

**4.**

世间银儿是他分，人间金孙是他发。
若人坏心求不应，若应只送那儿差。
以后教育儿不听，老来还要糟蹋大。

**5.**

为人总要孝为先，世人都要好良心。
送他一个好儿来，到老他把你孝敬。
创家立业好钱财，粮食满库仓满盈。

**6.**

户主良心好得很，出名讲遍到天堂。
送子祖神在天云，户主修善他知良。
今天虔诚请你们，敬供喝酒吃肉香。
送来银儿和金孙，送好儿孙连连养。

**7.**

谷魂米魂是他管，一年过去收一春。
田神地神听他言，收丰收薄由他分。
耕春的人莫懒散，就要勤奋来耕耘。

**8.**

做人世间要听话，人与自我一样想。
莫想我好送人差，要与我自己一样。
门头老鬼去传他，谷魂米魂爱他良。
好的收成送给他，满仓满库满盈装。

**9.**

人讲良心天有见，做到哪里都圆满。
今天奉你敬酒饭，坐到堂屋坐一团。
保佑谷粟把仓满，保佑粮食满仓盖。

**10.**

林豆管畜神佑来，林且管畜神看清。
好羊满栏长得快，猪长满圈多得很。
黄牛成群挤满栏，水牛卧满栏中存。

**11.**

养鸡也大猪也长，另外还有那羊群。
雄鸡啼鸣满寨响，门外鸭鹅满地坪。
六畜神恩来赐赏，世间户主好良心。

**12.**

福神送来福长有，寿神送好命长寿。
今奉你们来到此，寿年坐出九五头。
活如古老一样久，如那彭古一样寿。

**13.**

我们凡间人世上，是人要把良心修。
福寿好神要来帮，居得白头坐得久。
喜笑儿孙发满堂，快活得福在人世。

**14.**

一个小伙生丑很，人才生丑有良心。
他把老人来孝敬，常常不把名利争。
婚姻大神把他顺，得好女子做夫人。

**15.**

丑女得个帅好夫，这个姑娘好良心。
见人受苦她帮助，帮人帮众多得很。
婚姻大神到她处，大神赐她好夫君。

**16.**

为人就要良心好，不讲好丑面生成。
肯把良心修得到，自己扬名上天庭。
婚姻大神开眼笑，看见你人好这等。
牵女牵男合婚妙，两位二人美满婚。

**17.**

若是为官官不好，天天净想要吃人。
是人恨他丑名了，林且天庭坐看等。
记他罪恶要应报，过后恶报定不轻。

**18.**

做官害人是害己，林且帮他记清头。
碰到恶报马上会，还未老时马上有。
病灾上身做一起，死神缠他无处走。

**19.**

官员大神听得明，林且天庭他见知。
哪个为官做得清，善恶报应不偏头。
坏心坏肠坏名声，过后自己要应丑。

**20.**

做官人讲你做好，在职人讲你清廉。
不义黑财他不要，是人是众把你爱。
做这好官好名号，好官定会生根来。

**21.**

户主良心修得好，林且在上看得清。
今奉你们到堂了，请到送达不差分。
林豆送官马上到，林且送职即上登。

成官大爷根可靠，儿老做足又到孙。

22.

林豆坐在天庭里，林且他坐在上天。
奉下是奉他的妻，请下请他九儿来。
你们保佑主家利，吉利清白坐平安。
疾病脱去得痊愈，病痛康复脱了灾。

23.

［平安大祖神］
大祖到家要来保，解锁脱绳康复痊。
身上病痛马上好，一点灾星都不染。
千奇百怪隔除了，居吉坐利在凡间。

24.

修好良心好运大，好了再好福气多。
自自在在坐一家，老少完全很快活。
一家大小笑开花，一屋老幼欢喜乐。

25.

祖师宗师是他放，林豆林且放他来。
原始林豆的行上，古始林且他一坛。
祭宗祭祖他当行，主持祭仪他为先。

26.

喂斗得寿帮主祭，剖弄告得主持来。
巴代巴寿到家内，灾星八难都免完。
寨祖土地也来临，鱼神肉神从他先。
祖公祖婆都来齐，祖母祖父齐到边。
才把大祖来奉祭，做发发旺在人间。

27.

得寿祖坛安好好，安在堂屋后上方。
意记松斗烧烟到，依打穷炯烧烟香。
三十三块神布条，三十三条神绸当。
竹枥铜铃在中靠，骨卦神筶收中央。
有时人请出门了，先要来此敬祖堂。

# 第十一章　恭贺新春

1.

起腔——

旧年已去，新年已到。

过了年底，到了春节。

我们大家齐齐回到家中，大众也都全部回转家内。

齐公齐婆，齐母齐父。

齐兄齐弟，齐夫齐妻。

聚在一家美美满满，坐在一屋团团圆圆。

是人也都喜欢，是众也都喜庆。

2.

我们大家，

老的少的，大的小的。

女人男人，父老儿女。

老公老婆，大姐小妹。

父亲母亲，儿子孙子。

亲戚六眷，朋友兄弟。

岳祖母丈，后辈舅爷。

大家全都喜在眉头，我们全都笑开脸面。

喜在心中，欢开心内。

3.

鱼丰肉盛，打粑打糯。

天天也是肉吃不了，餐餐也都酒喝不完。

喝不了存谷存酒，吃不了存米存饭。

个个都是穿着新衣，人人都是披着新装。

穿着棉袄，披着长袍。

穿着绿衣，披着红装。

戴那银圈金环，戴那金戒玉镯。

多好的架子，优美的身段。

前头真美真好的面子，后头真好真美的架子。

燃放烟花，放那礼炮。

大地也都震抖，天上也都震动。

真的是个欢天喜地的日子，实在是个普天同庆的佳节。

我们春节美满，大家新年快乐。

4.

起腔——

我们在此奉承大家，借此机会祝福大众。

过了春节，到了新岁。

我们大家，所有人群，所有大众。

是男是女，是老是少。

心中所谋如意，理想追求如愿。

好金好银，好钱好财。

好金好银满仓满库，好钱好财满家满户。

首饰美好大块，银饰美好大套。

长的短的，美的华的。

发光发亮，珍贵弥足。

白财涌来三路四道进家，大宝涌来三路四道五方进门。

财来也是白财，宝来也是富价。

左路大钱来加，右道横财来添。

祝愿天下人们，家中银仓完全皆得装满，

祝福世间人众，户内金库完全皆得装登。

5.

起腔——

要来奉承那些小孩，要来祝福那些学童。

过了春节，到了新岁。

读书得大智慧，学习得高知识。
智慧得大，知识得高。
努力学习，天天上进。
小学得升中学，中学得升大学。
考试在人之前，成绩居众之上。
考试得优，岗位得就。
得富得贵，得发得旺。

6.

起腔——
要来奉承那些小姐，要来祝福那些小伙。
过了春节，到了新岁。
女人得好单位工作，男人得好岗位就业。
心中想的事业就好，意中所谋盘算就成。
一次高升次次高升，一步高就步步高就。
大钱满抓满手，大财满仓满库。
女人得到意中男子，男子得到心中女人。
郎才女貌，恩爱夫妻。
互敬互爱，互尊互重。
发达兴旺，子添孙发。

7.

起腔——
我们在此奉承大家，借此机会祝福大众。
过了春节，到了新岁。
我们大家，所有人群，所有大众。
是男是女，是老是少。
大发大旺，大兴大盛。
如竹发来满山满岭，似木发来满地满坪。
居来满村满地，坐来满坪满寨。
发如群虾，多似群鱼。
养狗也大，养猪也肥。
水牯满栏满圈，黄牛满帮满群。
大钱广得，横财广进。

大富大贵，大繁大荣。
大成大就，大通大顺。
平安健康，大吉大利！
奉承大家，清吉平安！
祝福大家，发财兴旺！
大家新年好！

# 第十二章　祝福吉言

1.

一家大小留福多，一门老少留福清。
夏日吃菜共一锅，清吉平安闹沉沉。
女儿男子养成坨，震动家门如鼓声。
寿比土地大岩坐，光宗耀祖坐凡尘。

2.

银钱家中用箱装，金钱家内留在此。
钱来拥挤到家堂，财进家门多多有。
钱来也是白财上，财来财富装满楼。
余钱剩财到下方，儿余送孙孙富久。

3.

水牯牛群要留上，狗群猪群要留来。
水牛成堆坐一帮，黄牛挤卧装满栏。
没喂草料自肥胖，不喂饲养自长全。
养猪也大狗也长，好钱好财富登天。

4.

留福谷神和米神，糯谷黏谷留得好。
播下土中长茂盛，青绿悠悠长得高。
八月秋收好收成，装满木桶仓库了。
粮食粮米富足剩，母父儿孙都富豪。

5.

蚕丝蚕虫送姑娘，蚕子蚕娘都全留。
蚕虫蚕娘养成帮，上树结茧密密收。

下锅热水抽丝线，绸衣绸布都得有。
得那绫罗与绸缎，收在衣箱满柜头。

6.

蜂蚕蜂糖也都留，留在蜂桶里面装。
白天飞出采糖汁，好似冬天雪花扬。
大锅来熬蜜糖收，大盆大桶满满装。
得多白财吃剩有，好钱发财富家堂。

7.

奉承那些小儿，祈福那些幼崽。
吃菜育身，吃饭长体。
快大快长，快健快壮。
身长大大，体健好好。
热天没有瘟疫时气，冷天没有灾星祸害。

8.

读书得大智慧，学习得高知识。
智慧得大，知识得高。
日日学习，天天上进。
智商在人之前，智慧居众之上。
考试得优，事业得就。
得富得贵，得发得旺。

9.

奉承白财横财，祈福旺财洪财。
东边得好白财，西边得好富财。
前方得好旺财，后方得多横财。
空手出门，抱财归家。
不预去找也得，不想去求也获。
早出求财，夜归满载。

10.

得钱满手满拿，得财满装满袋。
钱来涌入成路，财来涌进成道。
心中所谋如意，理想追求如愿。
好金好银，好钱好财。
好金好银满仓满库，好钱好财满家满户。

**11.**

首饰美好大块，银饰美好大套。

长的短的，美的华的。

发光发亮，珍贵弥足。

白财涌来三路四道进家，大宝涌来三路四道五方进门。

财来也是白财，宝来也是富价。

左路大钱来加，右道横财来添。

奉承一家大小，

家中银仓完全皆得装满。

祝福一屋老少，

户内金库完全皆得装登。

**12.**

奉承那些青年，祈福那些壮年。

女人得好地方找喝，男人得好地处找吃。

谋事如意，心想事成。

心中想的事业就好，意中所谋盘算就成。

一脚高升脚脚高升，一步高就步步高就。

天天也得大钱，日日也进大财。

大钱满抓满手，大财满仓满库。

**13.**

女人得到意中男子，男子得到心中女人。

郎才女貌，恩爱夫妻。

互敬互爱，互尊互重。

发达兴旺，子添孙发。

大发大旺，大兴大盛。

如竹发来满山满岭，似木发来满地满坪。

居来满村满地，坐来满坪满寨。

发如群虾，多似群鱼。

**14.**

奉承喝的吃的，祝福栽的种的。

在那山野九块地头，在那山坡十丘田内。

正月挖土犁田，二月铲土耕地。

松那土块成末成粉，练那田水成泊成湖。

三月抛谷下种，四月扯秧栽插。

**15.**

播去土中生出千株千丛，种子下地长出百株百对。

扯秧满田满丘，插秧满坪满坝。

五月中耕，六月除草。

中耕遍山遍岭，除草遍坪遍坝。

苞谷绿似竹园，稻禾密如森林。

绿色悠悠遍山，青色油油遍野。

**16.**

正月开挖，二月开耕。

三月下种，四月下秧。

五月中耕，六月除草。

七月熟登，八月熟透。

粮食丰产，谷米丰收。

金黄色的稻穗遍野，熟透了的秋粮遍山。

**17.**

打谷回家，收米回屋。

谷粒如那冰颗，米粒似那雪白。

收得满家满屋，摆来满屋满宅。

要车送净，要晒送干。

装满谷仓米仓，装满糯库黏库。

粮食丰产，富裕丰足。

千年也喝不了，百载也吃不完。

**18.**

奉承家中六畜，祈福家内养牲。

养狗也大，养猪也肥。

水牯也大，黄牛也肥。

养鸡成帮，养鸭成群。

水牯满栏满圈，黄牛满帮满群。

**19.**

大钱广得，横财广进。

大富大贵，大繁大荣。

大成大就，大通大顺。

平安健康，大吉大利！

奉承一家大小，清吉平安！
祈福一屋老幼，发财兴旺！

20.

奉承穿的披的，祝福丝绸布匹。
养好蚕丝蚕虫，养好丝绸蚕儿。
养在大筛大簸，卧满大床大铺。
吃桑长身，吃叶壮体。
又白又胖，又大又好。
结茧满天满地，结颗满枝满丫。
好蚕好丝，好绸好缎。
绫罗装满大箱大柜，绸缎装满大仓大库。
夏天穿不了绫罗绸缎，冬天穿不完棉衣棉套。

21.

奉承一家大小，
年头清吉，年尾平安。
年头清吉居得生气，年尾平安坐得长命。
热天吃菜一锅，不许有病有疾。
冷天吃饭一碗，不许有病有患。

22.

女儿多如塘内莲藕，男儿多似柜内的碗堆。
撵肉要送登坡，放狗要送登岭。
居来不送冷屋冷房，坐来不送冷房冷宅。
居来热闹家中如同鼓响，坐来响动宅内好似鼓鸣。

23.

奉承一家大小，
居来光宗耀祖，坐来荣母耀父。
居如古老大岩，坐如古老大树。
居如大川大坝，坐如高山大地。
保得一家大小，完全皆得长寿。
佑得一屋老幼，完全皆得洪福。
奉承要留长命富贵，祝福要赐齐天洪福。

**24.**

长命居得千年，洪福坐过百岁。

奉承千年，长命居得千年。

祝福百岁，洪福坐过百岁。

不落不脱，不松不掉。

**25.**

奉承家中银财，祝福屋内金宝。

好金好银，好钱好财。

好金好银满罐满坛，好钱好财满手满得。

**26.**

奉得家中银财，

奉在家中银仓，完全皆得盈满。

祝得户内金宝，

祝在户内金库，完全皆得盈登。

奉承要留长命富贵，祝福要赐齐天洪福。

长命居得千年，洪福坐过百岁。

奉承千年，长命居得千年。

祝福百岁，洪福坐过百岁。

不落不脱，不松不掉。

**27.**

奉承六畜牛马，祝福养牲群畜。

六畜牛马满栏满殿，养牲群畜满群满帮。

成群结队，成帮成坨。

水牯牛群，狗群猪群。

驴群马群，羊群畜群。

**28.**

水牯卧在栏中，如同大岩大石。

黄牛卧在栏内，好似林木竹园。

不要喂食自大自长，不要喂料自肥自壮。

老牛老了过去，新牛马上替换。

一栏关驴，九栏十栏关驴。

一栏关进，九栏十栏关进。

牛只要送发旺，畜群要送发登。

**29.**

奉得水牯牛群，奉在栏中完全皆得满栏。

祝佑狗群猪群，祝在圈内完全皆得满圈。

奉承要留长命富贵，祝福要赐齐天洪福。

长命居得千年，洪福坐得百岁。

奉承千年，长命居得千年。

祝福百岁，洪福坐过百岁。

不落不脱，不松不掉。

**30.**

奉承喝的吃的，祝福食的饱的。

年头吃剩吃发，年尾吃饱吃肥。

谷财米财，糯财黏财。

谷财吃甜，米财喝蜜。

**31.**

开春人拿去播去撒，开年人拿去播去种。

播去土中，去生千苑千丛，

种去土内，去育百株百对。

五月锄禾锄得完好，六月中耕耕得满遍。

**32.**

土中没有异物杂草，地内没有异类杂物。

色青油油满坡，色亮油油遍岭。

主家耕者上午去看如同森林，

田地主人下午去望好似竹园。

缺了要补来加，少了要栽来添。

**33.**

七月熟了，八月熟透。

谷粒壮如冰雹，米粒白似冰雪。

谷财见筐莫惊，米财见篓莫怕。

见筐跑进筐居，见篓跑进篓坐。

见筐涌进筐中，见篓涌进篓内。

送人抬谷急急回转，背米忙忙回程。

**34.**

抬谷来装两个三个屋前谷仓，

背米来装屋边两重三重米库。

仓底装实装满，仓盖装满装盈。

千人也吃不完存谷，百众也吃不了存米。

奉得家中谷财，

奉在家中前仓，完全皆得装满。

祝得家内米财，

祝在家内后库，完全皆得装盈。

35.

奉承要留长命富贵，祝福要赐齐天洪福。

长命居得千年，洪福坐过百岁。

奉承千年，长命居得千年。

祝福百岁，洪福坐过百岁。

不落不脱，不松不掉。

36.

奉承穿得暖体，祝福布匹布缎。

绫罗绸缎，绸缎细布。

穿有剩的，戴有余的。

奉承蚕儿蚕虫，祝福蚕丝蚕绸。

三簸白如大颗糯米，三筛亮似大颗米粒。

37.

吃桑如同撒冰，吃叶好似下雪。

爬遍枝丫上面，坐遍枝丫上头。

结茧如同大果，结球密似葡萄。

让人小锅来煮，大锅来热。

得丝得钱，得绸得财。

奉承蚕儿蚕虫，

奉在纸片，完全皆得丰果。

祝得蚕丝蚕绸，

祝在布帛，完全皆得丰足。

38.

奉承要留长命富贵，祝福要赐齐天洪福。

长命居得千年，洪福坐过百岁。

奉承千年，长命居得千年。

祝福百岁，洪福坐过百岁。

不落不脱，不松不掉。

**39.**

奉承天降百宝，祝福地生百财。
送来甜甜蜜蜜，赐来成堆成帮。
来那蜂蜜白财，居来有蜜有蜡。
得那蜜财糖财，坐来有浆有力。
居在木桶之中，坐在蜂桶之内。
白天飞出如同下冰，黄昏归巢好似下雪。
整日去采村头花汁，整天去采野外花糖。

**40.**

九月来到，十月来临。
人们择日取蜜，择吉取糖。
小锅来煮，大锅来熬。
装盆满盆，装桶满桶。
千人也喝不完蜜糖，百众也吃不了白财。

**41.**

奉承蜂蜜白财，
奉在木桶之中，完全皆得装满，
祝福蜜蜂糖财，
祝在蜂桶之内，完全皆得装登。
奉承要留长命富贵，祝福要赐齐天洪福。
长命居得千年，洪福坐过百岁。
奉承千年，长命居得千年。
祝福百岁，洪福坐过百岁。
不落不脱，不松不掉。

# 第十三章　做人格言

1.

    爷娘留有好的话，父母留下好的歌。
    好好把它来记下，记在心中永不落。

2.

    做人世间很难做，人人都是一辈子。
    做好做差由人做，好丑都是自己留。

3.

    日月和谐光阴布，地土和合百类生。
    兄弟和谐家业富，朋友和合也长情。
    夫妻和谐贵子出，父子和合好家声。

4.

    不要相争又相骂，相拼相斗不可为。
    不能气短把气发，总要宽容在心里。

5.

    世间的人要相爱，相亲相爱到永远。
    莫讲别人的缺点，不要把直讲成歪。

6.

    我们有缘做乡亲，大家聚会是有缘。
    你恩我爱情谊深，相亲相爱做一团。

7.

    做人要做心慈善，为人心正不可歪。
    讲的话语要兑现，诚实守信不能偏。

8.

　　上辈老人要尊敬，还有爱幼不能丢。
　　老人对我有深恩，爱幼爱在心里头。

9.

　　植树让人好乘凉，挖井引泉送人喝。
　　好话过后有人讲，好情人记在心窝。

10.

　　坏心歹意很不好，恶言恶语气头短。
　　日后会有遭恶报，自遭祸害报应来。

11.

　　恶事总是由心造，莫做混淆乱言行。
　　大树根深也会倒，到时树倒震山林。

12.

　　人生凡尘一世了，人活世上一息间。
　　爷娘恩情还不到，父母深恩还不完。

13.

　　不要相争莫吵架，不要做那心肠短。
　　心要宽宽容得下，君子肚内行得船。

14.

　　站在高处往下看，站得高才看得远。
　　傻愚残穷要善待，心胸宽阔可装天。

15.

　　好人是好一个心，心肠容量要放宽。
　　好话坏话都要听，放在心肠去筛选。

16.

　　功夫做多不要怕，下劲要去多努力。
　　到头自有收成大，才好享用不吃亏。

17.

　　肯走不怕路途远，想做不怕多艰难。
　　做人先要苦在前，才有后头福享宽。

18.

　　一丘田水满充溢，要放要消又要关。
　　会做会作会休息，会倒会卧会起来。

19.

千千聪明要聚汇，万万智慧要吸收。
谋吃谋穿都有利，才能好过一辈子。

20.

做人要用直心肠，不起邪念动歪心。
是人敬爱都表扬，大众相爱又相亲。

21.

拿得起来放得下，能拿能放才可以。
不讲是非和小话，轻松愉快乐心里。

22.

堆堆炉火都有烟，人人都有各性子。
容你容我相亲爱，相亲相爱团结久。

23.

是草都会披露珠，是葱都有根菀发。
地上走多成了路，辛勤上进方可达。

24.

不说别人的坏话，不碰他人痛处伤。
专讲别人好处大，他人长处多宣扬。

25.

是非口嘴不能传，官司口舌不能讲。
别人隐私不可言，祸从口出苦难当。

26.

为人脚手要干净，偷盗扒窃不可当。
不占别人的便宜，莫起邪念和歪想。

27.

人骂人说莫生气，他骂他说是教我。
不是亲人他不理，错误改正才快乐。

28.

讲过的话要作数，说过就要做到边。
要讲诚信不可误，不能空话来打点。

29.

小心服侍我父母，所有老人要尊敬。
一代服侍一代苦，不久又老到我们。

30.

　　做人小心一张嘴，还有双手要干净。
　　不讲恶言和非语，见人财物不起心。

31.

　　说过的话记心间，做过错事要回想。
　　改掉不良坏习惯，这样才能成栋梁。

32.

　　聪明才智要积累，好的学问记心怀。
　　过后才有大作为，发达兴旺到久远。

33.

　　人到世间要勤奋，黎明即起干活来。
　　努力生产求长进，创造财富得美满。

# 古玩歌卷

古玩歌，即古代苗族人谈情说爱、娱乐玩耍时所唱的轻松开心的歌。苗族是重情感的民族，苗族年轻人谈情说爱，往往以歌为媒——靠歌沟通，靠歌架桥，靠歌拉近，靠歌结合。因此，情歌成为年轻人谈恋爱、找对象的首要法宝。苗族的青年男女绝大多数都会唱情歌，苗族的情歌也特别多，并且体系丰富、内容广泛。

# 第一章　男人情歌篇

## 一、平腔歌

1.

喊我唱来我就唱，不唱你们紧要理。
出口唱来不像样，不像不成我不依。
开口是呆闭口相，这句话儿是真的。
老牛叫声不响亮，唢呐吹响哨子毁。
差我过了半辈上，一切歌唱丢下水。
求你众人把我放，莫把老人我来催。

2.

真的挂念真的想，挂念我的年纪跑。
做人年到五十上，不痛膝头要痛腰。
好似草木着了霜，树叶黄透都落了。
到这时啊衣服穿好差模样，排子人样已变老。

3.

愿漂的姐听我唱，不管对错我讲来。
三十六条花柳巷，三十九种口漂言。
多了朋友难走上，排天都去走游玩。
情义大得宽又广，拿到手边满所愿。
得了会期不能忘，好情我记在心间。
把歌教你家中心莫放，也要把心放得宽。
我们人到五十年纪上，自然难去花柳巷。

4.

想念才把歌言造，唱送老表妹桃花。

投生下凡把谁靠，靠你来成我一家。

想你回头恐难到，一夜想你眼睛花。

你也好似画眉被关在牢笼，好似彩虹在天涯。

不料今天你来到，都是前世的缘法。

当堂诉苦把你报，等望你的金口放银牙。

算盘九规都把了，想遍风流路途耍。

5.

想你受苦成一会，泪水落下如水涨。

睡觉见你在梦里，害哥醒后心总想。

唐朝紧想薛仁贵，恋你挂念我心慌。

孔明困在家床睡，你若有情对我讲。

我两个要送如水塘中清透底，和你相好得久长。

你好你在人家去，和你丈夫讲名堂。

丢我单独不过意，总想你成我一帮。

相逢我讲话几句，唱出让你把我想。

6.

思想挂念你情大，总总挂念你一人。

好似无母小儿哭哇哇，倒在路边哪个引。

好似梁山伯碰生碰死归阴下，因为想恋祝英台。

气生气死也无法，只有姻缘和路上天云。

想你才讲这种话，你我二人像那种事万不能。

7.

当初相恋心本愿，浓浓念念很长久。

茶山坐倒来陪伴，困在草床卧竹篾。

对我的情你也话讲断，相好百年一辈子。

二天再走回头看，是妹各人讲出口。

如今反心把脸变，看你有人在心头。

你们少走我不怪，只要你愿和我走。

今天和你见一面，话讲风流不要休。

把话难为你一点，小妹你有丈夫守。

**8.**

唱了接声歌有用，达你有脸大光彩。

大家面生初才碰，刚刚相逢在这边。

你们的纪念物品拿手中，让我想念在心间。

花好花美我看重，是人看见都喜欢。

想摘一朵桃花红，只恨我的手太短。

**9.**

和妹唱了歌一天，唱了以后溶心里。

唱歌得了心恋爱，天天也愿把歌说。

好情溶在我心肝，一辈子都不能歇。

想交不肯成亲眷，害我想天又想夜。

邀你来唱歌一天，若不成家也值得。

**10.**

约你今日来相送，营盘扎在山坡野。

个个都是女英雄，都是有才又有德。

山鸟不敢陪龙凤，董永才得仙七姐。

歌言丑了不中用，讲话如同人开口。

歌丑声丑但情浓，你心也莫放心头。

**11.**

起口就接我心动，难为把话和我留。

花堂齐了多人众，如花似玉美女子。

想摘一朵桃花红，差在我们人才相貌生得丑。

接我的歌情义重，把话难为人妻子。

**12.**

言辞把歌唱一唱，相逢姐妹唱歌言。

也都得来四五趟，得坐草堂在深山。

露水没干心不放，陷槽落在路中间。

陷槽没有地方讲，等望仁贵救转来。

乌鸦之鸟在山上，啼鸣不止也可怜。

肯苦莫做两头光，莫做云头来遮天。

约你多走莫退让，你们情义记千年。

**13.**

和妹唱了歌情浓，得唱几轮我心苦。
夜夜思想在心中，留恋挂念你的歌。
想妹如患大病痛，饭菜不吃水不喝。
不料得了灾星重，不知妹会同情我。

**14.**

重逢我把苦情述，唱送老表好歌手。
想把你的歌留住，恋妹老表好才子。
当初报我话缘故，想好万岁得长久。
别开没有几日数，好似一个长年头。
修心回去陪丈夫，改恶从善把心修。
无心对我有缘故，不愿不肯和我走。
回去与你老公住，相爱把我忘不知。

**15.**

当初和妹来恋爱，和你得有情义大。
你我同船扒下海，放手送我单人扒。
不知为何做这般，无故丢我想无法。
你有相好在一边，得新忘旧把我要。
做送我心粉粉烂，天天想妹把泪洒。

**16.**

当初相好和和叙，相交情重深如海。
相交成熟莫退位，和妹弓桥要登边。
相好要讲话实际，名誉得如大高山。
我们分开成一会，你的情义记心间。
主公得了正座位，带兵转到西方反。
云长反心归刘备，去开曹操在江南。
得你回来我满意，十分病重九分解。

**17.**

结义和你来相好，你今好过是我难。
想你挂念不得了，恍惚不下我心连。
你们出嫁配人早，似鱼两下已穿串。
权限自由又减少，不像在家的时间。

吃人的饭由人了，走亲要送丈夫愿。
你也名上得提高，你又不敢把头抬。
柳巷路途莫丢抛，爱走赶快达青年。
人在世间难免老，同样花开二月间。
没有花儿长久好，花开花谢不久开。
柳巷爱玩抓紧跑，免得日后悔不转。

18.

半夜三更把路走，辛苦就是为我的。
不然你坐家里头，坐在家里把夫陪。
你们两个喊困上床一同走，身上脱衣笑眯眯。
同睡一床宽心透，两下相好热情起。
摸你摸我不放手，相拥相抱情浓溢。
鸡叫三更舞狮子，双方愉快乐有娱。
今夜你们来到此，辛苦为我不值得。
少话填塞你莫恼，宽心远看才可以。

19.

今夜你们很辛苦，摸走夜路受苦难。
劳累搭帮恋情主，仁义很深大无边。
古话钱财如粪土，这句话讲是真言。
碰到我们如牛牯，完全不知谢你谈。
总要宽心声莫做，苦情我们记心间。
回去立名传千古，儿又传子子来传。
让人得话人人都讲出，表扬四下万古排。
修好良心天佑扶，坐替燕山的世界。
小儿投胎来得多，五子榜上名远传。
我的话儿不会组，照我的话你才算。
到日发财笑乎乎，你才相信我真言。

20.

隔久不见我操心，忧愁多重大如山。
泪水流下如涨潮，推动一盘的水碾。
饭菜不想吃一毫，如病倒床不管天。
黄皮寡瘦身萎弱，走路要拿棍子踩。

头抬不起满头毛，矮驼腰杆弯又弯。
为你这样的心劳，挂念想你不知天。
坐在夫家你过好，好似龙神归大海。
和夫糯粑来打搅，一点不想把我见。
有缘我来和你漂，莫放腊踏不去管。
也要回转又来朝，做个人情送我点。
不要让我费心劳，好情我记在心间。

21.

把话填言这女子，总要把心来放宽。
容情一阵莫忙走，听我把歌唱几遍。
日后相逢是少有，以后得见怕很难。
心中想念才开口，不是冲讲我有才。
我又过其花过柳，自己抱愧不年轻。
头唱歌言头害羞，边唱边怕把我谈。
安心推送旁人做，留恋青春的世界。
得梦各人自己知，不是陪你的时代。
若唱不好心莫忧，人到老了受人烦。
多少你总要接口，不会污染到永远。

22.

道路风流逢正当，你们正好大日头。
我到不起你边上，也在远处看影子。
心想不得叹气放，整个全国是我丑。
你来替我要原谅，我也实在苦心头。
你看我们无对象，也要替我解忧愁。
报你也要放心肠，破坏婚姻不能够。
打鱼不能把水放，平白无故下毒手。
你们是那套鞍的马有主将，又上口链又扯头。

23.

挂念造成歌几首，不会唱歌又为难。
当初和你把路走，现在上瘾不管天。
口水吐下我接收，吞下喉中浓油盐。
你讲的话有准头，总总一句不能偏。

得你来做女朋友，满心满意在心间。
若是肯做我妻子，愿花万千的银钱。
若是得成心无忧，角色讲话如钉板。

24.

不会今又唱一词，不会也要学习要。
歌言差了难接受，总要原谅莫管他。
也述点点话情由，活像小儿哭送妈。
初一碰你在场头，你也急忙来找碴。
一句喊你应得迟，心中不快脸都垮。
看见我来声不做，有话对对不敢发。
嫁到富家要将就，夫妻情义如天大。
想你是害我忧愁，孤单各人心中踏。
口里唱歌心里抖，恋你歌唱来表达。

25.

学习把歌唱一轮，都要学习唱几嘴。
没有似妹熟溜唱好听，同样口琴吹一吹。
相交爱你嘴伶俐，谈唱小姐为师矣。
今天会合得相迎，又要大家把家归。
好你转去婆家门，举步动脚篓又背。
到家丈夫把你迎，喜爱快活心中美。
夜里同床共一枕，一点没想我的意。
害我孤单愁不轻，留恋你这大美女。
一身萎弱一身病，病重伤在我心里。
工夫不搞都不行，各项工作无心理。
排天想和你相迎，一心只想会和你。

26.

嘴甜你把我称赞，相好似油甜如盐。
歌唱比我像花开，哪个好似花美鲜。
飞得和你共枕眠，钻进你的衣裙间。
让你闻到鼻孔臭屎汗，吃饭呕吐大心烦。
赶快热水洗起来，怎么洗也脱不开。
发气要拿刀来砍，以后见花不敢爱。

## 二、高腔歌

1.

一边各在一边山，隔冲隔川难分明。
你在那边如龙站，龙站还没你站清。

2.

做风来吹妹的衣，看见你的新花裙。
手脚做得真的美，花朵绣得样样新。

3.

是人走过都回头，见妹他不走偏远。
绣那麒麟和狮子，妹妹绣得好又乖。

4.

心灵又巧一双手，绣花好比女神仙。
但愿你成我妻子，满意宽心到永远。

# 第二章　女人情歌篇

1.

两边相逢才初下，碰见几个好帅哥。
和我要歌心里怕，和我要话莫奈何。
我们如牛似猪傻，经常没得来唱歌。
总总没有把歌耍，要唱歌言我不妥。

2.

赶集相逢路中人，哥要和我讨梨子。
要我唱歌送你听，人众唱歌没有词。
唱歌造乱我的心，名誉和我你不值。
回到家中老婆恐，耳朵扯破不放手。
被打不敢来出声，害你挨打为这次。

3.

一人实在是一人，实在一人一个独。
九十九来绝十层，吃得猫儿的血赌。

4.

看哥帅气好青年，好似鲜花才初开。
是人见了是人爱，想拿难得到手边。
想你在我心里面，留恋你的好人才。
想在心里都造乱，怎么才能成家眷。

5.

打菜喂猪多打些，猪儿不要我来喂。
相逢路中喊姐姐，哪个是你的姐妹。

**6.**

和我讨菜我也怕，要送就送一棵来。

回去让你们两个夫妻半夜来打架，你爸难得起来劝。

**7.**

挑葱莫挑我家土，我家土地葱没有。

挑得你们要分我一把情留住，要把情义心中留。

**8.**

兰花开在田坎头，田坎开花兰草香。

哪个不来哪个死，若是不来他就伤。

**9.**

路边花草好美色，田坎地头多新鲜。

爱你怎么才能得，悄悄抬头望一眼。

**10.**

相逢相见爱心头，暗暗恋哥你不知。

好似山鸟爱果实，如同黄雀爱柿子。

**11.**

风吹阵阵从山下，微风吹拂山间草。

是我的亲来了吗？是哥你要把手招。

**12.**

枫树高高结果出，树枝发丫绕树根。

很想你成我丈夫，很爱老表帅哥人。

几时才来到你处，和你终生才满心。

**13.**

和你相会把亲成，我等不起得见你。

见你我的忧愁才脱身，一身愁闷才脱去。

又解忧愁又解闷，十分病重九分离。

**14.**

相会相逢在路中，结成好友在凡尘。

泪水流烂衣裙胸，留恋哥哥泪花淋。

我也想变成鸟儿和你拢，飞来停在你家门。

明早天亮鸟啼送你懂，不知情哥认不认。

**15.**

整日叹气闷心肠，一句害了是想你。

想你你坐你家堂，恋哥哥在你家里。
搬得要搬来到你寨上，建房和哥在一起。
好讨火种到你旁，早早夜夜得见你。

16.

太阳光照热乎乎，热妹一身软绵绵。
一点没有见云雾，要想阴凉隔去远。

17.

歌唱拿我比花开，哪个好如花鲜艳。
生差生丑无脸面，是人大众都难看。
一个鼻子生歪歪，一双眼睛倒着安。
差我个人把我害，不得害哥受牵连。

18.

得妻得儿个个得，是人得妻不同你。
好似小儿得板栗，好似瞎子得琴吹。
得了婆娘心安得，如狗守那筒骨腿。

19.

兰草开花田坎上，田坎开花兰草油。
是菜是葱才来讨，是饭不来讨一口。

20.

打菜莫拔根，只能用手掐菜丫。
不是骂你我提醒，以后没有什么发。

21.

日头滚去过西坳，日落西落滚锅圈。
用手拖它拖不到，拖得要拖它回转。

22.

分开多日不相见，相隔很多不相逢。
造乱心中心肝乱，害死害活灾难中。
好似玉春王留恋花儿才受难，想到骨软心肝痛。
暗地和你把手牵，相交和哥两情浓。
提头知尾听我言，相爱相亲要服从。
忧愁内心的方面，心情激动如山洪。

**23.**

结成好友心中喜，我等不起得相见。
忧愁见你都离去，忧闷有你把我担。
要做五月二十龙相会，不要把雨下起来。
三人桃园结了义，陪伴小姐坐花台。
好似织布快要织登齐，一匹布长把心满。
相好相约期相会，让哥来到我身边。
你动回转很容易，不要丢我在荒山。

**24.**

恋你做我大心事，相见会面要讲明。
如同鱼在水中游，不肯出来送我亲。
水果好吃不到手，眼看书朝花一轮。
想你成家是影子，难得和你把家成。

**25.**

相交和哥把心愁，造乱造溶我心肝。
愁是为你你不忧，恋死为你你不来。
回去和你爱人夫妻成配笑悠悠，夜夜同床睡一边。
挂念把歌唱一首，我的一生全靠你来担。

**26.**

结交和你有深情，当初交得好男友。
你我相交情要真，朋友外面多得有。
不只是怕你反心，久别怕你变心事。
大树底下好躲阴，泉水甘甜多人思。

**27.**

有心造歌到你家，相逢我要吐真言。
有心插花花不发，无心插柳柳成荫。
唐王陷在污泥下，朝中在后把兵赶。
子马和那得龙力气大，害我好像山伯和英台。
想你和我讲真话，风流两面不分开。
回去修心努力来保家，惩下心肝不闹翻。

**28.**

扬名和你手牵情，扬名和哥成好友。

见我在村上人讲我是你的人，同钢和铁煮火子。

好似一件旧衣脏了要你洗干净，用水洗净感情有。

泪流在眼止不尽，唱送你想在心头。

你不会想来无过分，会想就要把我走。

**29.**

当初相好的情下，浓念好比油和盐。

好似那十五团圆月亮大，光亮十五月团圆。

相好要送困到柳床话，手拿钱纸才到边。　　柳床：停尸的床。

**30.**

相会我们见得少，得名你成我的帮。

山坡荒野长刺了，荒废相会的地方。

我爱多走你爱少，时间不记有多长。

那一天见你来把市场到，我在头门哭悲伤。

好似猴子长猴脑，武王跑去西岐夯。

你也要做那曹操打马回转走一遭，好情记住我心肠。

**31.**

得个空名和你耍，白白得名和你亲。

好似薛丁山留恋樊梨花，好似山伯恋英台。

如得你来坐一下，苦情讲出才满心。

**32.**

相好我们情义重，肯讲日日得相玩。

一天也过一日送，走到相会地方荒了山。

好似桥垮没有人来弓，这样丢妹在一边。

好似乱麻无头丝一笼，纺了没有线头牵。

阴天没得日头红，相交碰到没心肝。

# 第三章　男女共用情歌篇

## 一、讨菜歌

**1. 男唱**

哪个婆娘打猪菜，摇摇摆摆在田边。

打菜莫打我家田，打得分我们一点。

**2. 女唱**

好菜长在你田地，你们田地好菜长。

你要讨回马上退，怕你没得什么讲。

**3. 男唱**

送菜要送背篓来，莫讲收在我胸间。

退篓日期要讲全，你看明天或后天。

**4. 女唱**

后天退篓日子吉，问哥你退在哪方。

退在家里或野地，退在村里或草堂。

**5. 男唱**

后天来退你背篓，退到你们山坡上。

若是哪个不来拢，死妹可怜妹的郎。

# 二、失约重逢歌

## 1. 男唱

讲成日期没会面，晓得你去哪里走。
等了日头落西山，不见妹妹的影子。
让我心慌在心间，哭声悲叹泪水流。
不料今日才得见，苦情要讲送你知。
我哭在你的膝盖，得妹来哄哭才止。

## 2.

今日相逢坐一会，讲遍苦情心不慌。
心慌为了某家妹，天天夜夜总在想。
一盘二想三抱愧，四来方面不能讲。
五更想着在梦里，六更得梦泪汪汪。
七更早晨新空气，装得早饭吃不香。
八面八方走出去，悄悄哭泣不宣扬。
九九盘到八十一，八十一难要我当。
十来十往难得会，难得相会我心伤。
在你面前讲实际，等妹报我话心肠。

## 3. 女唱

哥哥你把我想起，害妹想你苦得很。
想我不及我想你，想你小妹我揪心。
早晨直想到夜里，半夜想哥到天明。
想你煮饭忘下米，炒菜油盐忘了尽。
前边我作后边理，上头我做下头认。
打菜我哭在山里，洗衣哭在边水井。
今日才得把你会，苦情我对你来倾。
破开肚肠表真意，望靠哥哥你讲清。

## 4. 男唱

恋妹排子真漂亮，样子身段真的美。
越盘害我就越想，总想总恋在心里。
恋去恋来不能放，恋进恋出无法比。
如鱼恋那深水塘，如牛恋那青草吃。

## 5. 女唱

恋哥理解我心事，又好心事又忠良。

轻言细语方言有，讲对对我细商量。

又好模样好排子，和谐笑脸喜飞扬。

想你我心遭难受，越得难受我越想。

# 三、讨情物歌

## 1. 男唱

分别你拿什么送，愿送马上取出来。

回去收在金箱中，见你情物如见面。

## 2. 女唱

小哥和我把物讨，姐姐和你讨彩来。

送你围裙要不要，帕子送你管不管。

## 3. 男女皆可唱

帕子送妹在手上，围裙送哥取出来。

各人拿去心里放，悄悄收藏在心间。

有日把你把我想，见物如见人的面。

# 四、讨糖歌

## 1.

一帮姐妹从场转，四个五位走一排。

买得什么带回来，得那水果分我点。

分我一点愿不愿，和你讨个放心间。

## 2.

姑娘从场上回转，摇摇摆摆好牌子。

背篓背在腰后面，有糖和你讨一口。

好情我记在心间，记在心中一辈久。

# 五、讨年粑歌

## 1.

哪个姐妹背新篓，有肉有粑装里面。

走路摇脚又摆手，分得分我一点点。

**2.**

表妹送粑送一筒，送我一筒粑糯米。　　一筒：五个堆在一起。
回去烧在火炉中，热乎乎在我心里。

# 六、探情人歌

**1. 男唱**

雾霭飘在山谷里，飘在山谷半山间。
只见云雾不见你，见你飘雾如神仙。

**2.**

一条大路多人走，个个也走路当头。
不知是妹或不是，若是请你招小手。

**3.**

妹妹走路脚步轻，脚步轻轻走不急。
问你回去哪个村，先坐唱歌玩一回。

**4.**

天上彩虹放光照，这时才到小半天。
要走哪里也走到，也还可坐一会添。

**5. 女唱**

老表喊我站等人，小妹我也听你讲。
风吹树叶飘轻轻，蚂蟥田内听水响。

**6.**

要找一个直渺渺，要找一位渺渺直。
小罐装米也是好，水罐煮饭我去受。

# 七、情人相会歌

**1.**

上到山顶歇一气，歇在山岗等老表。
山高顶上有风吹，风吹摇动青绿草。
不知是你不是你，是你请用歌声报。

**2.**

欢喜出门来相会，肚内心肠热乎乎。
未见我想表情意，见面忘了讲不出。
没有什么来讲起，只讲一句你辛苦。

**3.**

> 约成会期等不起，一夜如等二十天。
> 日日声声叹大气，夜夜也都不能眠。
> 今日我们得相会，我要多看你几眼。

**4.**

> 风吹摇动飘竹叶，飘那竹叶轻飘飘。
> 是妹老表好美色，我也触动心情了。
> 你喊老表我心热，我喊夫人或老表。

**5.**

> 爱你我的心中爱，越爱越想越挂心。
> 爱去爱来不会变，爱进爱出分不清。
> 想你吃饭忘拿筷，烤火燃鞋不知情。

# 八、分别歌

### 1.男唱
> 日下西山要分开，两下分别往家走。
> 分别好妹害我惨，差我方便没妻室。
> 回家你有丈夫爱，哄你小妹笑悠悠。
> 动脚回家泪涟涟，哪个能解我心忧。

### 2.女唱
> 分别是妹最心操，忧忧愁愁害我惨。
> 好似笼内的小鸟，如船断纤流下海。
> 如坝堤垮任水飘，堤垮没有人来看。
> 把话讲出把你报，怎么舍得两分开。

### 3.男唱
> 分别如解身上衣，分开如割身上肉。
> 叫我如何舍下你，怎么抬起这脚步。
> 我哭表达我心意，等你妹妹哄才住。
> 好似彩虹逝光辉，留个日期又来复。

### 4.女唱
> 左手抓你的衣角，右手抚摸胸口间。
> 教你莫忙先来坐，这样才能我心安。
> 我在你的前面哭，约成会期要转来。

会期约成大家做，不能让你把我骗。
哪个骗人走绝路，不得好妻到永远。

5.

日落西山滚得快，日落好似锅圈滚。
想想拖它来回转，拖得要拖转回程。

6.

莫忙回去莫忙走，莫忙回转家里头。
拖你往前来退后，我们再坐一阵子。

7.

讲到回家你们跑，快跑要回转家里。
回到家中肚子饱，野外有情笑嘻嘻。

# 九、情恋歌

1.

相交和妹费心劳，有情有义如山高。
正月拜年才碰到，见妹走在路板槽。
在后理妹脚印蹈，走走两步又站了。
上登补扣两弯腰，抬眼一望夯扣到。　　补扣、夯扣：地名。
走到让烈不忙跑，我们走路如香烧。　　让烈：地名。
上到工绒路不好，乌鸦叫在树上嚎。　　工绒：地名。
多休一会也怕了，忧愁大大在心扰。
爷娘父母许人早，包办婚姻害我了。
送妹转到夯岩槽，如水流下分开跑。
动脚回转我家到，留恋紧看衣服恼。
你转到家得心操，得病困床不见好。
得病在身本难熬，浑身病痛不得了。
一天做客到苟哨，闻听你亡我癫倒。　　苟哨：地名。
不顾一切坟边到，只见土堆我哭号。
吹气柑子不见闹，吹气冰糖不见搞。
边喊边哭把纸烧，心里想死同一道。
若是成妻要烧包，恋妹难舍把纸烧。
眼泪滚滚流如潮，哭号悲声震山高。
动脚回转心酸熬，眼泪流有一桶浇。
没得成配得心操，若得同床免灾消。

2.

　　闻听老表唱歌挽，大姐听了好可怜。
　　她死成鬼回不转，三魂七魄飞上天。
　　托梦送我活显显，托我把话报你来。
　　生时相好似蜜甜，好情记在那高山。
　　不依阿爸不准脸，把我许配他村寨。
　　害我忧愁心肠烂，造乱思想想不开。
　　讲到那时娘家转，越讲到此越心烦。
　　补扣上到背芍干，边走边讲话交谈。
　　走过让烈的边边，走走几步又交言。
　　乌鸦叫出声悲惨，悲在我的心中如水开。
　　心冷胜过那冰块，你好我恐受了害。
　　两下分别把家转，转家我已瘦容颜。
　　我的魂魄贴在哥身边，如钢沾铁做一块。
　　边走边谈哭哀哀，心想跳下深水涧。
　　吃糖没有口味甜，绣花我忘穿针线。
　　饭菜不吃口不开，吃药不解病体缠。

3.

　　吃药不解我的病，心内的病真不浅。
　　忧悲伤心为你身，凡尘没有药可解。
　　恋你小妹想在心，好似黄雀恋果丹。
　　唉声叹气如扎针，气上喉头吸不转。
　　当时得哥到来临，小妹还阳好起来。
　　如今我卧在山林，你才闻信来到我坟边。
　　看妹只见黄土层，两下相隔纸一块。
　　甜甜柑子摆墓门，吹气冰糖不见来。
　　烧纸送妹做金银，紧紧收在我身边。
　　你哭哀号震山林，跟你哭声我哭哀。
　　想恋哭挽歌一轮，不是走亲我回转。
　　成鬼我要进你门，和你祖宗坐一边。
　　只有一句话真情，有情哥哥记心间。
　　过年吃饭把我请，抬碗悄悄先默念。

# 十、鼓场情人歌

1.

今夜鼓场得见面，得见几个好姑娘。
遇着妹子让我见，如风爽快热心肠。
是人见了都喜爱，如雪才下白晃晃。
想和你们把歌探，不知你们赏不赏。

2.

遇着姑娘唱几句，要唱几句心才安。
见了你们我心醉，我们心内起波澜。
相亲相爱莫生气，不要生气让人烦。
有日我要娶你到家内，要娶你做新人来。

3.

鼓场之中我要唱，不知你们听没听。
妹子生得好模样，让我看在眼里爱在心。
日日夜夜把你想，夜里睡觉不安宁。
今日和你谈对象，你要送那真话讲真情。

4.

歌唱到了半夜上，歌唱到了分别时。
爱你牵挂在心肠，总想总念不能丢。
和你相求你要让，相约相会在某日。
到了那里把草放，你的情重记不丢。

5.

妹子老表生得美，又生美来又生乖。
言谈嘴巴好情义，话讲如盐如蜜甜。
好像天空彩云丽，让我喜爱在心间。
心想和你配成对，不知配来配不来。

6.

哥哥生得帅又高，又帅又高生得直。
但愿你成我相好，但愿相好到白头。

## 十一、情人探病歌

秋收时节我要来，家里家外要帮忙。

不比过去把场赶，赶场和你来相撞。

到场闻听你病灾，知你住院倒了床。

我才跑去下花垣，医院找到三楼房。

三楼病房都找遍，不见我才转家乡。

回到家中心不安，一天瘦了四五两。

求你出院报我先，带信报你记心肠。

一见到你我喜欢，看到你好把心放。

一见我来你冒烟，做那样子心毒狼。

让我也想遍后悔回不转，使我想到话阿娘。

年轻阿娘把我管，她把话报我来，漂流有时会拐场。

我的气出把颈满，眼泪双双流两行。

当堂哭在你眼前，不管人谈话乱讲。

源头相好把心开，如今得这忧愁重万两。

你讲说讲完道歉也不管，当面说出急急忙。

花开花会谢起来，自然落地无声响。

相好情义大如天，还没玩饱我不想。

出名远扬通四海，花垣保靖都知详。

还有吉首那一边，无有一处不宣扬。

浓浓念念分不开，同头共枕困一床。

又是相亲又相爱，口水吞下甜如糖。

两下情浓深如海，恩爱夫妻硬如钢。

不怕风吹冰雪寒，不管四下人谈讲。

阿娘有你把我担，头帕把她买得长。

到时归天上阴间，让她戴去见阎王。

冷天你送电热毯，不让感冒我阿娘。

她也把话让我报你来，到了那时候送你孝帕有我长。

你的情义记心间，只有终身一世配你光。

# 十二、悼念情人妈妈歌

你娘到时好归天，到了归天回老家。

喊喊阿娘把气断，喂水口中吃不下。

马上帮烧落气钱，送她路费好回家。

赶快热水帮洗脸，热得一锅水桃丫。

洗好洗净又擦干，好和祖宗坐一家。

衣柜取得衣花缎，把她穿哀八抬花。

卧在堂屋的中间，再比生时还要好看她。

喊人帮去把场赶，买得钱纸许多沓。

请得道师把路开，道路开通上天达。

请人把信报四边，送我织布赶快放手不织它。

举步走到绒补先，上坡流夯高矮踏。　　　　　绒补、流夯：地名。

本应上门进屋来，怕人一边讲拉渣。

想到情节我不敢，暗地烧纸四五沓。

那一夜、成梦来到棺木边，和你的姐妹坐在那。

哭哭啼啼述悲哀，我便报她们说来，阿娘情重比天大。

不觉饭菜又摆来，碗碗肉块手掌大。

孝帕送我有两掰，我戴头上拖地下。

脏了没有去洗干，尽孝戴到满头发。

尽孝和你管不管，不管我要和哥做一家。

坟墓请得先生看，都是风水宝地发。

埋在活龙正口间，回转朝向我们家。

# 第四章　赶秋歌

## 一、赶秋歌

1.

秋场我讲歌言发，唱好唱差要莫管。
是人都讲赶秋话，好丑我唱来浓台。
一年四季轮轮打，车轮滚滚跑往前。
交秋日子讲的话，春来夏往不停转。
立秋闹秋闹热大，热烈庆祝在此间。
赶秋日子人来大，秋场人数万万千。
人人欢喜笑哈哈，欢呼热闹声震天。

2.

交秋歌言唱一首，表达几句话心怀。
一度一年庆丰收，一年一度庆丰年。
牛望清明人望秋，蜜蜂等望百花开。
我们人人笑开口，脸上起了桃花颜。
男女老少一路走，歌声歌唱皆喜欢。
有说有笑乐悠悠，喜度金秋乐无边。

3.

小孩摘得野果到，老人到了时节欢。
夜里纺车娘虫叫，天亮蚂蚱跳高远。
中午叫了告最天，格热爬叫干冉冉。　　告最天、格热爬、干冉冉：虫叫声。
苞谷起了黄色好，田中稻穗把腰弯。
山乐水喜人欢笑，赶秋又逢在今天。

4.

立秋时节日子好，务农的人好喜欢。
中午又有飞虫叫，甲虫它叫干冉冉。
夜头又有纺车跑，天亮蚂蚱蹦起来。
田地粮食成熟了，野泡果实一串串。
苞谷大包产量高，谷穗成熟把腰弯。
今年粮食收成好，立秋庆贺笑脸开。

5.

交秋今天很热闹，三班老少很多人。
歌声唱声都很高，亲戚六眷都来临。
赶秋的歌一大套，朝朝代代有歌云。
龙生龙子豹生豹，一代传去一代兴。
交秋的歌唱不了，九天十夜唱不登。
老老达拢善歌造，老仰补梅唱得清。　　　　　　　　老老：人名。老仰：地名。以下同。
老猴会唱坐苟绕，贵生造好歌古人。
四个五人有名号，可惜唱好过了行。
培养一些歌年少，再比老班唱得登。
进户背周蹲凳靠，古典熟溜好古人。
正发唱歌好音调，好似戏班拉胡琴。
排打乙的是老乔，歌唱堂更浓得很。
拔夫的歌有一套，男女的歌他也行。
吉生多人讲有道，唱即水口人忘昏。
凤连好歌很深奥，唱歌她坐花垣城。
贵良造歌很奥妙，唱到花垣通乾城。
五生唱歌呱呱叫，答歌清韵好理行。
拔青排碧歌巧妙，歌声美妙好歌云。
昌书的歌有一套，歌唱堂中好雄英。
成忠堂歌大有巧，暗地作歌送人用。
朝西唱歌有门道，巴二在后帮出声。
官清唱歌有名手，拔拐歌唱和他拼。
胜本坐在半坡坳，水口唱如龙飞奔。
各处地方都唱到，对唱许多女才能。
亲戚四面八方告，各路高师都来临。

画眉齐嘴大家叫，莫让哪个不满心。
爱唱的人有一套，都是高师大能人。
同心团结才可靠，撵那老虎出山林。

6.

上到歌台把歌摆，庆立时节唱一首。
心意表达一点点，好丑也唱庆祝秋。
六月十七的今天，就是交秋的日子。
是人大众开笑脸，脸带桃花乐悠悠。
是人完全把秋赶，人山人海如潮流。
人望秋节龙望海，好似蜜蜂等望百花油。
稻穗吊头都饱满，苞谷好似大棒头。
风来吹动黄满山，遍地稻浪如水流。
是人看见都喜欢，丰收在望于眼头。
立秋之日是今天，一年一度庆丰收。

7.

地枇杷也熟透了，务农的人好喜欢。
中午又有飞虫叫，甲虫它叫干冉冉。
夜头又有纺车跑，天亮蚂蚱蹦起来。
田地粮食成熟了，野泡果实一串串。
歌言井水源头高，白天直唱到夜间。
人也欢来水也笑，同庆秋节大丰产。

8.

交秋是逢场马库，多年才能逢一次。
交秋这里年丰足，十年难逢金满斗。
欢欢喜喜各到处，欢聚一堂庆丰收。
党的领导得快活，精诚团结跟党走。
共产党指光明路，改革开放有搞头。
国家建设人民富，各行各业成就有。
国防实力很巩固，国际都是好朋友。
龙灯狮子有无数，打拳耍棍好花手。
巴代刀梯好功夫，打鼓堂半震天吼。
歌声笑声震云雾，又打鼓来又坐秋。
盛世太平乐有故，万方乐奏震北斗。

9.

交秋日子多欢笑，立秋之日都喜欢。
欢喜要把歌言造，心情舒畅唱起来。
改革开放日子好，好似井水流清泉。
日日夜夜新面貌，国富民强名传远。
田土实行来承包，年年也夺得丰产。
一日三餐都不少，不愁吃用不愁穿。

10.

歌言我唱马库乡，面貌变化日日新。　　　马库乡：地名。
看看如今和以往，现在与往看得清。
每个水库有鱼养，日日夜夜流不停。
灌溉良田水汪汪，不怕天干的年成。
万亩药材遍山岗，每棵药树出金银。
政府出钱建水厂，管理到位得人心。
水流直接到水缸，流入人家水缸清。
电灯日夜放白光，明亮一家白如银。
车路如同蜘蛛网，村村寨寨通车行。
走亲或是去赶场，坐车一下就登程。
家家户户起砖房，房顶直上冲天云。
电视录像家家装，坐在家里看北京。
精神文明心舒爽，物质文明代代新。
幸福不忘共产党，政府开放把路引。
千年万代把福享，代代美好乐盈盈。
歌唱圆边是这样，你们在后接歌声。

11.

立秋歌言唱一首，表达几句话心怀。
一年一度庆丰收，一度一年庆丰年。
牛望清明人望秋，蜜蜂盼望百花开。
我们大众乐悠悠，脸上起了桃花颜。
男女老少一路走，歌声欢笑冲云天。
有说有笑心无忧，喜度金秋乐无边。

12.

小孩喜欢地枇杷，老人喜欢秋节到。

夜里纺车虫虫叫，天亮蚂蚱弹腿高。
中午叫了告最天，甲虫飞虫冉冉叫。
苞谷壳起黄色了，田中稻穗又弯腰。
山乐水喜人欢笑，赶秋又逢在今朝。

13.

日轮东出又归西，月轮飞快不能停。
一年来了一年去，立秋之日又当今。
立秋时节大意义，寒来暑往滚滚轮。
秋来夏往各归位，天热过去到天冷。
夏秋本来分两季，立秋时节两边分。
粮食要收归家去，过等六月就当紧。
秋风秋雨又来催，谷在田中都黄登。
苞谷熟了就得吃，是人等望交秋临。
年年都有赶秋会，庆贺丰收笑盈盈。
从前古人老规矩，年年交秋闹热兴。

## 14. 赶秋坐秋千歌

今天真是闹热很，坐等立秋坐闹热。
真的来了很多人，老少三班都来得。
来到秋场的中心，人山人海挤不扯。
龙灯狮子舞阵阵，又滚绣球又跳跃。
打鼓棒槌飘轻轻，好似桃花鲜红色。
跳舞平台多美人，伸缩跳跃多齐彻。
想找安逸可不行，被你马上又来扯。
拖我坐秋本难应，扯去上空秋千歌。
送我又坐秋千登，停住马上要歌说。
差我不好这歌云，不是唱歌的角色。
求你众人要宽心，我被撒灰一身黑。

15.

烂冬日久多雪令，雪下没融又来沙。
眼看窗户天未明，天一明亮走出家。
一来到边热情应，扯上秋千把歌耍。
体不像人貌不新，衣服脏烂不像话。
一头白发一脸困，背上腰驼眼睛花。

唱歌气短不出声，少话填塞要管他。

赶快放我下来临，让位青年出头打。

# 二、年节歌

## 1.四月八

古代用羊来犁土，从前用羊来犁行。

人们套起群羊做一处，四五六只做一拼。

一放犁头羊群缩，一犁就倒在田困。

山上野牛有无数，牛的力气大得很。

人们才把牛套住，用它犁地耕得深。

过去从前的远古，四月八日牛出生。

力大无穷眼又鼓，尾巴拖到地边行。

耕春的人解累苦，四月八日牛免耕。

四月初八不犁土，休牛不犁依古行。

四月初八的根古，过去牛生的根源。

## 2.穷人过年歌

心中忧闷作歌言，作成歌言唱一回。

而今快了完一年，人人等望过年期。

人有钱米望年来，我们贫穷不等起。

村上杀猪叫连天，无钱不敢称肉吃。

买得回转藏起来，藏在深深的房内。

等到二九过大年，才取拿敬祖宗吃。

煮好摆上案板边，腰子绳索都没取。

祖宗看见心冷完，肉大也只两指齐。

一句就把祖宗喊，吹气祖宗打先吃。

敬完祖宗收起来，小孩哭闹流泪水。

坐在家中冷绵绵，夜晚亮灯点不起。

初一早上煮成饭，没有荤菜我吃亏。

只有萝卜来壮胆，门外忌水不敢洗。

只煮酸汤没啥掺，红黄如同马尿灰。

初三熬过完了年，大人让送娃儿吃。

今年我家过斋年，封尽酒肉不拢嘴。

若杀一猪也应该，一岁何时打转去。

可怜一帮小娃孩，小小年纪遭苦逼。

悲伤拿索吊颈来，为个什么把命归。

### 3.富人过年歌

日月光阴过得快，岁月如同水流涨。

一年难等到年边，三百六十又日长。

三班老少和青年，开心乐意喜洋洋。

歌声欢声唱不断，爆竹放得震天响。

旧岁辞去迎新年，发奋图强奔小康。

### 4.

欢欢喜喜要过年，普天同庆喜洋洋。

过年户户杀猪来，打这粑粑满寨响。

糍粑和那白糖甜，洗这腊肉香又香。

香肠家家都挂满，鸡鱼鸭肉满桌上。

还有甜酒香酒饭，水酒甜酒多名堂。

爆竹放得响震天，礼炮震响冲山岗。

家家户户都团圆，幸福日子得久长。

### 5.

是人等望过年来，一年到头才到边。

三班老少和青年，人人愉快心喜欢。

家家过好年团圆，心内快乐心花开。

龙灯狮子舞起来，演戏抢球歌不断。

欢呼喜庆乐开怀，喜笑欢乐心意满。

唱送大家得发财，福禄增大发登天。

家家户户平安然，益寿延年坐世间。

# 第五章　八人秋千歌

## 一、八人秋千的根源之一

1.

　　荡秋何人提倡起，哪个提倡荡秋千。
　　龙汉元年正月里，正月欢喜过新年。
　　讲那剖油三小女，夜里困觉不能眠。　　　　剖油：蚩尤、尤祖。
　　又痛头来又痛膝，得病在身最心烦。
　　要坐吊凳要人推，双脚吊下才安然。
　　剖油思想无了计，把话讲送鲁班仙。
　　鲁班仙师多伶俐，照计做成一秋千。
　　荡起旋转心畅意，坐上秋千闹热天。
　　秋千根源唱几句，传下子孙到永远。

2.

　　龙汉元年是属狗，正月月半月当中。
　　话讲龙王三女子，家内闲空绣花红。
　　夜困家床在家休，舒服畅意乐融融。
　　梦见佛爷的狮子，威武跳跃好英雄。
　　醒时得病痛苦久，浑身出汗衣湿通。
　　请得药师来到此，也治不了她病重。
　　才问鬼谷老仙师，卜了一课才晓通。
　　要做一个八人秋，再要两边人推来转动。
　　又要八个男女坐上把歌游，如此痊愈病轻松。

**3.**

照着鬼谷的话做，喊得鲁班在家中。
张良李良同做主，共抬斧凿来帮工。
要去山林去砍树，选得一根铁树丛。
头桐就是苑苑树，要来削做横梁冲。
二桐削做窗千来串住，挽起竹圈套当中。
才把歌娘请来坐，八个男女都来朋。
起歌作词把歌述，坐上吊凳转半空。
龙王的三女坐了得好处，欢喜好病不再痛。
秋千根源如此述，古代荡秋根源通。

## 二、八人秋千的根源之二

荡秋我把歌来扭，要讲古人的根源。
秋千唐王起打头，建在玉村坡脚岭。
请得鲁班好结构，心内排方稳得很。
唐王天天坐到守，起送翠连好宽心。
心中爱喜想得透，大爷皇帝女人稳。
惊动八仙曹国舅，八位神仙答歌声。
何仙姑歌头熟溜，唱那歌声上天云。
拐李唱歌笑悠悠，句句都是好理行。
韩湘子吹起笛子好节奏，荡漾山谷飘天庭。
八仙一同来荡秋，八位神仙现真身。
名扬千秋传后世，凡间才荡秋千云。

## 三、坐秋歌

**1.**

秋千八个竹篾圈，八个篾圈套得开。
秋千载我转圈圈，秋架载我转起来。

**2.**

秋架又往两头靠，两头两个木梁弯。
坐秋要把歌言造，要唱秋歌才浓台。
今天我们做热闹，今日我们很喜欢。

3.

    秋千荡去又荡来，四边又有穿木连。
    吊下座架连篾圈，吊在空中歌团圆。
    一些青年在两边，要保秋架的安全。
    人众壮年齐呼喊，推起秋千动起来。
    推起秋架往前转，让妹坐到云头边。
    总要逼我唱歌言，总要我唱歌几遍。
    放起歌声震云天，真是水笑又山欢。

4.

    秋架起在小山包，起在山包大板岩。
    你是哪家的小妹，好这声音好歌言。
    听你唱歌本巧妙，文对武答大高才。
    人才如花多美貌，美貌好比女神仙。
    和你唱歌莫心燥，我的心内好喜欢。

5.

    美女坐在秋千荡，一下又矮一下高。
    双脚吊下好花样，口里歌唱声音好。

6.

    美女好样荡秋千，美人个个都年轻。
    戴着银帽配颈圈，真的刺痛我的心。

7.

    四个四人小姑娘，坐在秋千笑眯眯。
    见了是人心荡漾，试探歌唱要和你。

8.

    姐姐坐在秋千上，我在一旁看见了。
    我要与你把歌唱，歌唱要和你相好。

9.

    秋千滚动如车游，载得八人打圈圈。
    你们在左我坐右，共同一架的秋千。

10.

    有缘共坐秋千高，四位帅哥年轻轻。
    四个四人都生好，也很刺痛我们心。

**11.**

四位哥哥生得帅，好模好样真的好。
如花开在树木尖，想来摘花摘不到。

**12.**

坐秋作歌唱一会，我们心内乐悠悠。
得你来唱歌一回，忧愁全部都忘丢。

**13.**

答哥的歌唱一次，接你的歌心中吓。
没有嫌弃我唱丑，跟着马上把声接。

**14.**

今天日子有排场，等望这个日子久。
老少三班来得广，三班老少笑悠悠。
众人大家挤一堂，每个角落人都有。
狮子龙灯闹热场，又跳又舞滚绣球。
打鼓的人好模样，美貌好比桃花某。
跳舞戏台多人上，伸缩跳跃多齐头。
想找安逸的地方，你们马上拖我走。
拖我来把秋千上，一下转圈上高头。
把我旋到坐秋梁，停住要我唱几首。
我的声音唱不响，这门谈唱我不知。
求你众人把我放，这次真的出了丑。

## 四、坐秋唱新闻的歌

**1.**

大寒辞别了年中，旧岁完了到新年。
务农的人还不空，是人都爱新春年。
造台要把秋千用，寨中老少都喜欢。
安心造秋通人众，提好意见报长官。
区长批准才发动，挂榜各处远远传。
枫树挑选大梁重，要找树直好树干。
抬木不管千斤重，个个争取把梁抬。
力强就把大梁送，力小的人抬短木。
画脉打眼手不空，四面又把边挑安。

急忙又把竹来用，坐下位子套竹圈。

这帮主人啊不怕付出代价重，进步团结一心干。

哪个到边都有奉，送秋劳累也不管。

还有一些长途路远的人众，都拉去屋去抽烟。

有肉有酒抬来供，当了夜饭当早饭。

2.

坐秋八人不准空，坐上的人把歌摆。

早知这样我也要投师早早学习用，好去你们秋堂把歌显。

要我来把歌言诵，嘴巴开了又不敢。

推打入场力不从，进退两难大危险。

要把前提先来诵，觉悟政治听讲解。

歌言出口本不通，只有这样来圆边。

秋堂齐了多人众，到此来坐是高才。

让我下来从不从，换那歌师来登台。

他有一堆新闻好内容，好上秋台架上来宣传。

主人听话心要动，容情放我下地来。

# 第六章　吃樱桃的歌

## 一、樱桃歌根源

1.

    龙汉元年的缘故，正月十五的时间。
    老君炼丹无其数，摆在葫芦的里面。
    偷丹猴儿有法术，悟空想法在心间。
    等到夜间扎埋伏，把那仙丹偷了完。
    老君知晓气不住，真是无法又无天。

2.

    老君办法都想遍，用计普摆用排方。
    才把葫芦来打开，掉下两粒到凡阳。
    樱桃树上枝叶满，接得老君丹一双。
    在天日月才看见，世人的人心里想。
    对着此情唱歌言，人间得话来传扬。

3.

    老君炼丹的缘故，八卦炉中炼仙丹。
    三回炉中留不住，掉下两颗到凡间。
    仙丹掸在樱桃树，结那果子樱桃来。
    七七炼烤才成熟，得吃一个成了仙。
    老君仙丹有好处，人人总想要摘来。
    桃李果子少人顾，栗子核桃人不摘。
    上山去爬樱桃树，得了樱桃心意满。
    去找对象忙不住，情歌一唱满青山。

青年男女来会晤，歌唱相亲又相爱。

红线仙丹来牵注，相好永远到百年。

依理根源歌言述，讲那樱桃会上的根源。

众人听歌莫辞住，哪个有话哪个摆。

## 二、樱桃会的传说

1.

要唱樱桃的根源，朝朝代代有歌发。

故事情节传到今，开天辟地有古话。

日月相恋定婚姻，太阳美貌月追她。

月亮到时求了亲，看见太阳美如花。

美貌如花动了心，昼思夜想也无法。

媒人没有地方请，心中苦闷如针扎。

2.

媒人没有地方请，心中苦闷如针扎。

从前樱桃树高很，一直长到天宫下。

樱桃果子熟透新，熟透日期四月八。

月亮摘得樱桃吞，甜在心里如糖扎。

心情舒畅放歌声，歌声称赞樱桃花。

3.

唱起赞叹樱桃故，太阳听见喜心肠。

跑来近了樱桃树，她和月亮两边抢。

一人一边来站住，边吃樱桃边歌唱。

七天七夜把歌述，七日七夜歌声响。

越唱越想心越悟，越唱越得心事想。

一直唱到月十五，月到十五成了帮。

二人心内热乎乎，不知不觉配成双。

月亮追她停不住，夫妻二人情义长。

人间效仿有缘故，上山摘那樱桃享。

樱桃合会根源述，朝朝代代来传扬。

4.

日月成了一家子，姻缘起在樱桃花。

樱桃到期才熟透，时期就是四月八。

谈情说爱日月羞，十五成亲做一家。
生下满天的星斗，天罡地宿多有发。
各人面上情义有，阴阳相会来交叉。
划定银河成天沟，鹊桥喜渡成佳话。
织女牛郎来牵手，分离下下哭声大。
再有凡尘把情守，七十二丈厚土扒。
日月歇了一阵子，拥抱亲小有古话。
经过年长日已久，时间过了万年八。
岩崖生出小石猴，生出石猴传天下。

5.

自古原来有两会，樱桃合会开头有。
樱是哥哥桃是妹，樱哥桃妹一家子。
蟠桃盛会为后记，王母娘帝来组织。
宴会供果仙女备，山珍海味完全有。
天仙地道有席位，三十六位大仙头。
猴儿没有被请去，一点名分都没留。
猴子这才发脾气，造乱蟠桃闹天斗。

6.

前人留古后人讲，度过千秋年日月。
天上日月生天光，加上星斗三光者。
天地人为三才纲，云雾天地下雨雪。
万类万物才生长，鱼虾各类多有些。
后才有人乾坤掌，人类世间传宗接。
世间发达又兴旺，理由传遍全中国。
婚姻自由自主张，依照日月把婚结。

## 三、樱桃会的恋情歌

1.

依照上天的日月，十里生美女桃花。
美貌天生好国色，又勤劳动会当家。
一十八岁才有得，媒人讨亲她不嫁。
她要照着日月才可说，去找樱桃把歌耍。
姻缘有份四八节，去摘樱桃上山崖。

**2.**

熟透樱桃红又大，樱哥他坐上十里。
人品生好英俊华，年纪正好十八岁。
模样生好正风发，唱得最好歌水口。
勤劳勇敢本领大，传扬四下好名气。
日子到了四月八，跑上山去樱桃吃。
山上相遇见桃花，美貌如花大美女。
樱哥唱歌来逗她，桃花听见心中喜。

**3.**

桃花听见心中美，接起樱哥的声来。
越唱越合心越喜，越韵越热心窝间。
七天七夜唱不离，唱到十五月团圆。
天上牛郎听歌语，爱听情歌下凡间。
愿为人间献其礼，帮助人间结姻缘。
樱哥桃花结夫妻，牵牛耕地心喜欢。
四月八日的根基，耕牛生日的根源。
前人古话说的理，双喜二字由此来。

**4.**

双喜二字由此来，得了爱人得牛耕。
桃花在家坐正台，樱哥下地去耕春。
边耕边唱那歌言，歌声传遍大森林。
这头神牛心喜欢，把话传报耕牛人。
以后到了时归天，跳鼓唱歌来送行。
耕牛生日的根源，苗家留传到如今。
年轻的人记心间，一代留传不忘根。

## 四、樱桃情歌

**1.**

年年都去摘樱桃，纪念樱哥桃花源。
他们两个成相好，一对年轻歌郎才。
二名合成一人了，樱花两字紧相连。
万代留名都知晓，名字留下万千年。

2.

众人听我歌言叙，若是不成莫要管。
四月初八来聚会，都是一帮的青年。
先讲古老前一辈，有心讲述把歌传。
话说天宫人一对，的确根系也不浅。

3.

众人听我把歌唱，要讲古代的缘由。
天朝才把姻缘放，日月天上一家子。
养儿育女成一帮，星辰光亮合北斗。
银河一条在天罡，无数星辰天上有。
夫妻相约在山上，崇山顶上好两口。

4.

哪个提倡摘樱花，缘由我今要说她。
月亮看见日光华，美貌动心无处发。
日期到了四月八，樱桃熟透多人耍。
想念太阳无了法，坐在樱桃果树下。
品尝果味心开花，吃了真的味不差。
歌声摇动日可达，太阳出面来陪他。

5.

听了吉日坐不住，心想数去又数来。
心里总想樱桃树，每根树高冲半天。
每当到期樱桃熟，味道肯定比糖甜。
才带刺光来卫护，莫送明月知他来。
樱桃到口香甜足，解去心中忧愁开。
就把缘法口中述，边说边唱到旁边。

6.

太阳爱歌便接住，马上我接你的口。
他们唱了七日数，七天七夜乐悠悠。
日月三光不停住，白天黑夜光辉有。
凡间的人才心怒，不知为个什么子。
一直到了一十五，恩爱留传万千秋。

7.

情人一对难分别，歌唱相恋情义重。
分开两下都可惜，双眼流泪如泉涌。
媒人要找哪个说，哪个肯来把桥弓。
回去朝中请太白，太白心内怕不肯。
两个流泪可怜也，埋怨太白刁婚姻。

8.

不管天堂肯不肯，生死一路配姻缘。
打发太阳白天明，百姓白天好耕田。
她怕相见众凡人，无数刺光在身边。
月在天宫慌了心，北斗星辰要他管。
满天星斗来随行，随父游玩在夜间。
银河她也来发劲，无情切断两往来。
地球旋转永不停，一年四季轮流转。
有日转到大恩情，日月相会在崇山。
这些歌儿从前传话的古人，他们古话如此传。

## 五、吃樱桃的乐趣

1.

日期到了四月八，年轻的人都上山。
山坡熟了樱桃花，不信你们可去看。
红的熟透把光发，先去摘的是神仙。
男女成对来参加，唱着歌儿传遍山。
相亲相爱情可达，好话当面都说开。
不知可是实情话，照直讲话不能偏。

2.

樱桃熟透小山包，山包树上都熟透。
每棵树上熟透了，枝丫遍布满果子。
哪个去摘都得到，摘得就是归我有。
一些摘来一些挑，一些摘得一些偷。
一些口袋装满了，一些拿在胸前收。
下午回转家中报，分送众人吃在口。
又有说来又有笑，歌声传遍各山头。
樱桃会中多热闹，苗家快活乐悠悠。

3.

　　櫻桃结子在高树，甜味胜过那糖块。
　　摘得櫻桃有无数，男女青年乐开花。
　　边摘櫻桃边述情，喜笑颜开笑哈哈。
　　歌声欢笑冲云雾，歌唱声音震天涯。
　　天上仙女坐不住，忘了梳头着了傻。
　　飞云走马来此处，来听歌唱开心达。
　　凡间的人多幸福，胜过天堂不是假。

4.

　　欢喜来赶櫻桃会，是人大众好精神。
　　四海人潮来比例，人多好比天上云。
　　男男女女成双对，嘴巴不断放歌声。
　　人人欢天又喜地，心里满意喜盈盈。
　　櫻桃会本大意义，依照过去的古人。
　　一朝过了一朝替，前人开路后人跟。

5.

　　男男女女吃櫻桃，一半钩来一半摘。
　　一半上树摘得高，一半用那柴刀切。
　　边摘边吃笑哈哈，吃剩收起有好些。
　　得吃下肚乐开了，讲话一脸笑眯眯。
　　哥哥唱了妹答道，表哥唱过表妹接。
　　歌声好似唢呐叫，欢乐喜笑遍山野。

6.

　　櫻桃结果满了树，结满櫻树的枝头。
　　小哥小妹来摘住，摘得收在小背篓。
　　男女坐在阴凉处，男女互讨甜果子。
　　越唱越浓止不住，越述越浓情义有。
　　唱唱二人把心固，情义浓浓难分手。
　　婚姻自由这条路，是人也爱路途走。

# 第七章　滑稽歌

## 一、年肉被狗吃的歌

1.

　　心闷作成歌一首，唱送人听心才开。
　　冬月末尾腊月头，猪肉我称两斤半。
　　买得立即转家走，炕在火炉的上边。
　　客来招待不打斗，要用这肉过新年。
　　年到腊月二十九，取下洗净擦干干。
　　洗成炖在炊炉子，把肉炖得软又软。
　　我去叔伯家里走，找块豆腐把肉掺。
　　不知哪个家的狗，把我的一钵头肉都搞完。
　　若见一棒狂溜溜，一棍打它送翻天。
　　你喂不起你的狗，不是养牛可耕田。
　　过年别人有肉吃在口，害我一个过斋年。
　　心造作成歌一首，伤心歌唱记心怀。

2.

　　听了你的苦情由，诉了苦情一大溜。
　　是人听了想不透，可怜我送歌一首。
　　过年没得肉星子，没得肉吃得洗垢。
　　洗成炖在炊炉子，满屋都是肉香头。
　　去找豆腐添里头，懒惰没有关门口。
　　没有想到村寨饿狗和瘦狗，四处理味到处走。
　　见肉不吃哪是狗，见饭不吃是傻狗。

见了肉炖软油油，拱翻盖子吃在口。

吃饱之后跑出走，暗暗躲去屋后头。

送你回转发气死，气死伤心作歌留。

过年只得吃菌子，敬奉祖宗啥没有。

劝你也要心莫忧，

莫怪天高和地厚，只怪个人是傻子。

错一次来管一世，以后炖肉要坐守。

## 二、染匠与染布者互嘈歌

### 1. 取布的歌

染布之时六月早，到了七月没到手。

初一来取没得到，限个初六报我知。

这么叫来那么叫，定到十一靠将有。

那一天我也动脚出门哈哈笑，走过门边笑悠悠。

来到场中没见到，到处找都没碰头。

等了一天不见效，等到太阳往西走。

这样才来你村到，取布来你家里头。

到了外头恶狗叫，黑狗凶恶叫天吼。

你们认为把米讨，白费空来害我走。

碰着你们师徒弟子最年少，胜过三国书曹植。

所有的书你读到，讲过四书云过诗。

国立八中你来教，你得留洋才分手。

差我的裤子破烂又脏了，走路见人我怕丑。

烂了要补补不好，破口大如似升斗。

我的这段小小布啊等你染过裤补好，好到外头去讨口。

五月六月都等到，等到七月过了秋。

我也好似山中的小鸟，日晒雨淋把苦受。

靠天靠地靠不到，靠你提护我一手。

只有想来把你靠，千年万代情长久。

砂科的歌如水潮，上下哪里我不游。

歌儿递来把你报，让你老表讲笑口。

### 2. 还布的歌

歌儿递来我寨上，歌唱出口言辞美。

句句歌词带书章，辞藻练就本可以。

秀口精心字字香，起凤腾交玉龙飞。

哪个做得和你讲，口里读诵本有味。

读过诗书开过讲，圣经史传你知齐。

画蛇添足美味音，著作格外多稀奇。

善文点武和我撞，竹鸡哪敢凤凰陪。

听见你唱我搞慌，打抖打战在心里。

才把你的歌言放下两年半，哑口没有话来陪。

讲你隔年染布成多场，染慢误了你日期。

买靛峨容隔久长，请那脚子不得力。　　　　靛：一种染布的颜料。

买得转来就下缸，布下缸子染缸里。

大雨下得哗哗响，接连很长都下雨。

初六报你未成当，下次限期场十一。　　　　场十一：初六、十一、十六等赶集日。

秋收时节我大忙，出钱请工也很贵。

我是秋收才误场，没有得来赶麻栗。　　　　麻栗：麻栗场。

害你坐等在场上，不见我的摊子才着急。

走下砂科急急忙，飞快走下巴抓葵。　　　　巴抓葵：一条坡。

吓得狗滚下田坑，狗儿胆小怕见你。

不敢回头叫汪汪，心里就怕杆子锥。　　　　杆子：方言，指梭镖。

坐在家中我听响，马上看是如何的。

是你先生来过访，马上招呼进家里。

看你的身上穿着好衣裳，花缎褂子套白衣。

脚下鞋袜穿一双，眼睛又戴黑玻璃。

手拿烟袋翻水响，草帽戴出似头盔。

怕是卧龙的乡长，才有这等的雄威。

你的口若悬河赛长江，流下巴东淹一堆。

高谈阔论如水涨，胸中浩气贯紫微。

五车学富文才广，盖过苏轼和张仪。

先生坐在卧龙乡，身价传远响如雷。

天文台上观星朗，地下看清南北极。

八卦演出飞宫掌，盘中掌上甲子推。

能算未来知以往，穷通神算随口背。

暗笑傻人多鲁莽，客来不顾多理虚。

酒饭不提烟不装，不要夸讲得茶吃。

讲到曹植你可当，七步成诗少人为。

学而不思我则罔，吟诗作对我不会。

我与你是上下贤愚隔天壤，赐也哪敢望颜回。

马屎皮上面光汤，沽名钓誉把我吹。

动脚你骂我忘昏，空话讲了好多回。

你也讲出你的裤子破了又很脏，问你裤破在哪里。

破在野外或村庄，破在山坡或家内。

怕你是踩着牛屎滚下炕，才破裤子吃了亏。　　　　　踩牛屎：风流事。

悄悄躲闪回家堂，没得话报结发妻。

发妻知道把你哐，对着头上一连槌。

她打她骂是应当，一点也不把你亏。

身上生虱自遭殃，哪个喊你犯规矩。

绫罗绸缎几十箱，再有格外收衣柜。

不正行为妻才讲，锁桶不送你钥匙。

人过花甲莫贫讲，不比年轻的时岁。

把歌还你莫歪想，拉渣还歌没还齐。

还得差了要莫讲，望靠莫讲我是非。

# 三、脚马子歌

## 1. 唱

脚马是把精钢打，铁匠安在半达狗。　　　　　半达狗：地名。

打成样子实在差，好像火镰歪歪口。

天落小雨路才滑，走到哪里见影子。

穿去赶场龙坛耍，马豆买得两三斗。

脚马咬脚皮伤大，咬破脚板破伤口。

回到家中才解下，解下挂在中柱头。

被它咬伤我很怕，不能挣钱养妻室。

## 2. 还歌

脚马是用毛铁件，毛铁毛钢打才成。

打成样子不好看，活像火镰打火喷。

落雨路滑走不快，你穿走忙赶路程。

穿去赶场到龙坛，见好马豆买几升。

回到家中如歇店，明早一亮达早行。

卖脱马上得了钱，赶快告诉你家人。

回转家中夫人见，马上交到手中存。

发财因为这扁担，余钱便去买金银。

全国人民解放快，挑脚的人不再奔。

不少吃来不少穿，世上没有多灾星。

买肉选那肥的买，精的肉片口里吞。

吃酒的人吃肉快，进口有味不住停。

右手用力拿竹筷，比如鸭子螺壳吞。

猪肉吃多心里烂，猪油潮肚受苦辛。

解屎你不把亮点，走到茅屋黑沉沉。

胀屎催你手脚乱，拐下门坑伤不轻。

能说会讲你发言，歌唱把你来提醒。

歌言还你不全面，唱得差了莫多心。

## 四、劝夫妻莫吵架歌

**1.**

劝释我把歌言造，唱送戈歌听歌耍。

劝你夫妻二人莫吵闹，是劝好的不劝差。

漂流要把家室靠，游玩外头妻管家。

要讲三从四礼貌，花街柳巷不能耍。

妇人不能把你傲，你也不能欺负她。

你不要丈夫大了把她来压倒，让送你高她矮下。

天牌总把地牌靠，多大聪明也搞傻。

打她害她痛苦熬，莫奈其何让你打。

打伤她只有哭号，打死没有什么法。

那时候她从便滚娘家到，爱她青春美如花。　　　便滚：地名。

你俩红庚合了套，天官赐福成一家。

你要想想恩爱同床把你靠，大大恩情就是她。

马有四脚也滚告，哪个婆娘没有差。

气登烟火也不要，莫骂妻子原谅大。

自己个人想全套，想透再也不能打。

2.
　　劝释把歌作一篇，劝你依从听我说。
　　一层不了二层劝，免散秋哥莫耍野。
　　劝你夫妻要恩爱，和和谐谐创家业。
　　二十年纪反心乱，老了年纪收敛些。
　　人老会把招牌坏，美女分上不可也。
　　飘游只有大危害，正事一点能不得。
　　到了后来落大难，病死妍妇不理者。
　　只有妻室把你伴，天天侍事不能歇。
　　衣服破了她补烂，脏了她洗送明白。
　　妇人是个大恩爱，相好恩爱不可拆。
　　会想对到这层看，想遍各人回心也。

### 3. 还歌
　　那光劝我把情述，本意劝我有情节。
　　劝我夫妻声莫做，和和气气创家业。
　　自从不走风流路，花街柳巷不可说。
　　从去年到今年我也天天是在做工夫，冬季夏天搞不扯。
　　排天拿锄去挖土，发奋苦干不休歇。
　　哪个晓得我也越是劳作越有苦，旁人把我来谈白。
　　人老不能转少步，你也不要讲那年轻喜爱女官爷。
　　穷者配穷富配富，结果成就一家得。
　　为人病倒家床宿，亲戚四处挂心客。
　　相好拿糖来守护，像我们这老人啊，哪个又去乱舍得。
　　有一些糖饼摆在床头处，妻室不肯取送也。
　　喊她不应不理做，不动不行不理者。
　　偏偏不肯来帮助，你也不能拿棍去夺天日月。
　　家中有妻靠不住，好的丑的也有些。
　　像我们夫妻和谐来相处，不要讲来不可说。
　　五天要买一餐肉，精肉肥肉也买得。
　　夫人吃肥不止住，肥大美貌好美色。

4.
　　老表把哥听一下，劝歌一篇本可以。
　　真真有心把我挂，造歌不怕费千力。

到场不见要带话，怕你年迈人老歌不为。

哪个晓得你也仍然还是本事大，这才看见你心里。

劝我夫妻莫相骂，和和谐谐创家业。

你报说哪有排天总吵架，莫是蠢牛不通理。

穷人得妻丢不下，老人得了少年妻。

一点点儿不敢骂，一点不知如何亏。

三纲五常是古话，道德礼仪我通皮。

天牌不比地牌大，长三板二我不比。

讲到一个告妻我也心中怕，人家丈夫一丈我五尺也不齐。

以前你们的妹子黄岩的家下，嫁送我来做成配。

阎王配合没有话，男儿女儿也养齐。

有母养儿父牵挂，恩爱夫妻我不灭。

再讲你的姐姐她，哪怕好丑我不提。

平时不让猪菜打，排天是坐在家里。

我们排腊让乍力不大，再比豆腐软如水。

耳闻听歌心中怕，没有听错是真的。

我打一手受雷打，让你放心好坐冬马嘴。  冬马嘴：地名。

## 五、翻车被人嘲笑而作的歌

心闷作成把歌耍，歌唱录音留凡间。

唱送众人得知话，记到日后到永远。

狗年点子真的差，运程不好把我难。

买菜我走市场耍，回到豆子把车翻。  豆子：地名。

轧破手板成两叉，脚腿也都受伤完。

头上也被伤得大，差点了命上阴间。

那时候差点坐到阎王家，跨进楼门的木板。

住院吃药花垣下，住了一百零三天。

饭菜不吃水不呷，黄皮寡瘦受了难。  呷：方言，指吃。

睡在病床不讲话，屙屎屙在小罐罐。

十个阎王十关卡，我已度过八九关。

医生技术顶呱呱，命大救得我转来。

好情我记不忘他，千年百岁记心间。

出院也要把棍拿，好似碓冲身偏偏。

是人见了也想傻，泪水流下太可怜。
百人之内九十八，见我情况都心寒。
个别见我笑哈哈，讲我头破是发财。
不是是真或是假，是假或是话真言。
不知为何弄得差，哪个挂得无事牌。
你若过去有孙大，总有一天会到边。
孔明有智也无法，难保儿孙好百年。
人生好似草木花，不知何时风吹来。
我把歌儿来丢下，大众把我话填言。

## 六、石忠珍还龙云富的歌

歌言交边放了话，歌唱要报大角色。
唱得好好名声大，有名歌唱才子客。
老表！那些歌师本事大，唱歌不是做老爷。
好似牯牛来偷打，吹气阵阵把人吓。
不要摇头摆尾喷，有理不要高声说。
像你角色少人达，好去村里学儿客。
胆小被你来威吓，有目有脸有颜色。
老将的人我不怕，拿你当作屁东西。
没见猫儿血尿下，不见黄河心不灭。
山上本堤也会垮，岩山悬崖也垮塞。
头名好汉李元霸，猛将也被雷打绝。
你比他们下不下，难道你比大能力。
不怕你是钢铁打，高温熔炼把你灭。
赶上香连讲大话，可以算得一些些。
让你在高我在下，吕洞大山好颜色。
婆婆流翠美如花，不比你寨好龙脉。
红龙你奔把山垮，桃花里面做哥得。
不讲情义如丝瓜，笨猪莫讲乌鸦黑。
少人听你说的话，世上少有你这些。
用歌说你莫想岔，不知问你提头说。
知是什么年成差，男人生下阿胎得。
月亮树中有几叉，树大数围有好些。

四川有个水井洼，井口门外朝哪里。
何年夏季落雪花，龙首龙腰水淹没。
七擒七放你见池，你知你要对我说。
把你聪明分一下，讲出让我得明白。
年纪我上六十大，有意和你学一些。
不怕年老说的话，赐你云富养老诀。
歌唱到此要放下，才欠作歌水平没。

## 七、还风凉话的歌

**1.**

歌唱放下要打止，哑口无有话讲出。
守孝三年是我守，三岁孝满孝服除。
讲话要讲话缘由，唱歌要唱歌根古。
我的阿娘因在病床苦忧忧，病成一岁多足足。
各处亲朋都到有，送了糖果堆成铺。
不见老表你到此，舅娘面上没有禄。
困得病重烂皮子，浑身水泡受灾苦。
不幸黄泉路上走，我来报信你走出。
讣告报你不得知，报信不办法无了。
你也打工挣钱去吉首，钱包满装不知足。
一天我也买得一盘歌牒子，耳目闻听才清楚。
见你坐上歌台子，声音洪亮如水出。
你也真的宽心事，你的面上很享福。
好似虎狼喝血狗，浑身爽快乐乎乎
蚂蟥叮住两头抽，两边都有血吸入。
送人们怎么弹去都不走，比那糯米黏性足。
好似深海里的大鱼游，再不会面现身出。
伶俐猴儿摸桃子，接龙进洞送他乐。
青天白日舞狮子，夜晚再舞几场出。
如同反唐皇帝武则子，薛傲曹好做一坨。
走到哪里都牵手，公园大众跳歌舞。
人是荒田荒地你荒舅，这句话是你讲出。
你还要倒打一耙钻空子，送我越发想到越不服。

听到你的歌言我才怄，把歌递到你瓜鲁。　　瓜鲁：地名。

让你们相亲相爱得长久，我才相信你做足。

2.

一层唱了二层又，二层要唱送你明。

逢狗日子我父死，不能到我葬龙庭。

母逝黄道吉日子，灵山送上雾起云。

让她葬着龙脉福禄有，男儿女儿也养成。

时来生铁变金子，生铁也可变成银。

得钱发财买车子，柏油马路好登程。

有日我要走吉首，一心一意来走亲。

来到吉首家不知，不知你家坐在村子或野岭。

歌唱作情你莫怄，宽心还要再宽心。

## 八、嘲笑一帮歌手捉鱼出洋相的歌

听歌大众听歌云，听话众人听歌百。

三月之中到清明，保靖人白挑葱香。

花垣歌会去捧行，送你带队来为长。

七位八个歌有能，七个女人歌才当。

相亲相爱走一轮，没有一句话不讲。

流卡走过到孔坪，卡叫水塘清水涨。　　流卡、孔坪、卡叫：地名。

水塘的水深得很，灌溉良田千万乡。

你们走过那里行，惊动龙王三太子。

龙鱼凤鱼出水奔，凤鱼欢迎喜洋洋。

乌龟壳背如板凳，鳝鱼大如屋柱梁。

虾子好像草把横，蚂蟥有五尺多长。

还有螃鱼青蛙形，泥鳅如同擂盐棒。

贫嘴的人起了心，赶快抢捉跑去抢。

正发树友贫嘴很，和妹春元抢快当。　　正发、树友、春元：人名。

春元小妹力不行，被推倒下在水塘。

身子倒在泥水浸，金妹赶快把她扶。

二姐马上来相应，打脱口说：天啦脚拐骨头受了伤。

拔玉捣药来帮衬，扯得一蔸草药上。　　拔玉：人名。

金妹帮她捡围裙，田姐帮助忙又忙。

清连帮她洗伤清，脱口阿里哭声啊。　　　阿里：疼痛声。
正发树友讲相赢：你是装痛做模样。
得哥人老话从容，伤了莫再笑话讲。　　　得哥：人名。
进珍叹气如起风，倒了师父他歪想。　　　进珍：人名。
这样又才来出声，实在不服这种扛。
春元小妹受伤疼，只为抢捉鱼才伤。
还有一个帅哥们，随后作成歌言讲。
送与丫妹唱歌云，在后歌唱一阵当。
歌声传去大山林，歌声嘹亮如雷响。
老梁听了喜在心，马上录音好传扬。
是人听话在耳浓，闲谈歌唱唱一刚。
好像癫子吹竹吟，搭你歌唱庆歌堂。

# 古礼歌卷

古礼歌是指苗家人在礼尚往来时所唱的歌。都说苗家人热情好客、团结和谐、谦虚本分，这主要体现在人情往来的礼仪事项上。生了小孩，要吃三朝饭，要唱祝贺红兰天喜歌。盖了新屋，要贺喜请酒，要唱贺喜房屋歌。定婚过礼，要认亲送酒，要唱送礼歌。结亲婚典，要在门边摆酒迎接客人，要唱拦订歌。请客吃饭，要劝客人吃饱喝醉，要唱辣椒歌。还有在请客时要唱慰客歌，在祝贺喜庆时要唱祝福歌，等等。

# 第一章　贺生子

## 一、主人的歌

1.

见喜报到外婆家，添孙报到你们村。
让你赶快剪布抬起花，新布剪下扯开分。
剪成摆在背篓下，急急忙忙就出门。
活像城里人跑马，走路跑马急急行。
一进门里笑哈哈，马上去看小孙孙。
得个小孙乐开花，大大落肠放了心。
跟看热水来洗他，赶快热水洗孙孙。
洗成抱在怀里耍，衣服衣片包紧紧。
望靠外婆不是假，马上转去缝背裙。
买得新布宽又大，雕龙画凤在中心。
花带姑娘赶紧打，花带满满有龙形。
送来长袍和短裓，头上帽子有金银。
新鞋一双穿脚下，再备毯子四五层。
摆在我们堂屋下，送这被子新又新。
摇篮买得两三架，画龙画凤亮晶晶。
钱币摆来一大沓，完全都是天安门。
打个粑粑要起花，万紫千红在中心。
担子抬来费力大，粮米色亮发光明。
做客贺喜到我家，请浓吃淡要担承。
吃这酸汤要管它，汤水油盐见水清。
主人抱愧我脸垮，以后富了再还情。

## 2.

添孙报到你一边，添喜报到你家门。

姑娘姊妹都拢来，姨母姨娘都知情。

银钱用了大几千，花钱买那贺礼行。

抬来完全是重担，年轻的人费了神。

糯米大米都抬来，雪白发亮通光明。

鸡蛋鹅鸭有几千，还有背带和背裙。

雕龙画凤绣得乖，龙凤打交在中心。

长袍短褂好裁剪，银绸花缎色色新。

帽子高上有围杆，上面还有挂金银。

让他出门去走到外面，外公外婆好名声。

好像八仙飘下海，走路龙凤起风云。

是人都要抬头看，人众很多赞你们。

地下堂屋装满满，贺礼多多人议论。

外公外婆开大眼，有名传去四方音。

欠火我煮夹生饭，请浓吃淡莫冷心。

粗茶淡饭没得脸，黄瓜小菜待你们。

你们宽心要远看，等望以后小孙孙。

到了以后啊，他要买糖买酒送你来，从家里面来走亲。

手上迎接心喜欢，喜笑颜开喜盈盈。

延寿坐过一百年，赶到古老万寿春。

# 二、客人的歌

## 1.

狂言唱歌又乱道，不怕丢脸唱歌云。

按照情节把歌造，不唱重来不讲轻。

贵家红兰天喜到，父母二人喜在心。

吉日下胎公婆笑，跟着热水洗孙孙。

轻手轻脚来洗澡，一看都是当家人。

扯块衣裙把他抱，莫让孩儿着了冷。

快去亲戚家信报，一面报到外婆亲。

齐人满家饭三朝，要把孙子起个名。

他是金童仙子下凡到，生好帅气好英俊。

你们龙脉旺得好，祖宗坟墓有龙停。

人有诚心天有照，才能得好这子孙。

发家发人龙脉高，发如鱼虾树成林。

长大送去学堂到，马上毕业又高升。

新科状元他中了，做那长沙大官人。

我们贺喜礼行少，一样没有好礼行。

众客莫把我皮哨，聋子打屁心里明。　　　　　　皮哨：方言，指出丑。

主人啊你们杀猪杀羊做得到，当客花费大金银。

不为傍边不牢靠，只为你家添子孙。

2.

只为你家添子孙，实在真的好喜欢。

人财两旺在家兴，发家如同水东海。

添孙喜笑乐盈盈，公婆看见心喜欢。

本是仙子下凡尘，都是金童下凡来。

人众满家都来朋，喜爱才来到这边。

一堂客众费了心，钱币抬来几百块。

主人待客好得很，猪羊牛肉摆成排。

还有一些不知名，山珍海味都摆满。

依照高档待嘉宾，银钱花费万万千。

外婆外公人家贫，各样礼行没一点。

好似以前的王茂生庆贺仁贵得参军，喜贺无钱把水抬。

空脚空手来走亲，讲出各人没有脸。

求请大家莫冷心，开亲只望路长远。

3.

开亲只望路长远，贺喜来到你家门。

现在是喜大喜欢，欢喜又添小孙孙。

我们空脚空手来，背带也没得一根。

各样礼品都没抬，缺少小孙的衣裙。

只为家下贫苦才为难，家下贫穷又冷清。

不如四下家有财，贺喜礼行抬金银。

孙子还要送摇篮，再送雄鸡十几斤。

衣帽全通是新鲜，一路抬来好光阴。

我们实在做不全，贺喜空脚空手行。

好似从前的蒙正困在瓦窖边，灶神也被他骗昏。

夫妇同会过斋年，猪头称成人不肯。

你们要莫看外婆的方面，我们无面来走亲。

不要等望有我来，只看你们的孙孙。

今年天喜又红兰，传宗接祖来承根。

4.

添孙报来我家知，喜信报来到这边。

坐在家里喜悠悠，喜笑颜开大喜欢。

马上报送叔伯子，满娘面上也知全。

他们报我说一分钱币都没有，身上没有一元钱。

四处借钱遍寨子，好话讲了大半天。

他们报我说钱币我们也没有，抱愧心中都垮脸。

夜困不眠心担忧，叹气连连出冷汗。

心怕出门把亲走，怕走天长路又远。

没有鸡蛋送女子，再少孙孙的衣穿。

女儿啊，送你思想困梦心中思，天天也盼阿娘来。

父母贫穷害女子，等望公婆帮你买。

如今你们杀猪杀羊待客留，炒菜切肉大大块。

炒好摆上大桌子，夹菜吃肉把我喊。

请得角色大厨手，山珍海味都有全。

五脏六腑摆得有，好大一桌装满满。

本是富人的样子，做得好菜要钱买。

做客你家也很值，酒足饭饱我喜欢。

又添福来又添寿，送你们益寿又延年。

多福多寿多子孙，荣华富贵得长远。

5.

添孙报到我家门，天喜报信到这边。

你家龙脉大旺兴，云发富贵得长远。

外婆来看空手行，我来我是空手来。

姨娘姊妹都来临，什么礼物都没抬。

缺少背带少背裙，又少孙孙衣几件。

头上少了帽子银，做个外婆丢了脸。

一行进了你们村，个个抬头把脸看。

走到门外进家门，你们热情迎接我们来到边。

我们自愧无脸见你们，讲话一半留一点。

手长衣袖短得很，俗话手长衣袖短。

莫看孙孙后辈亲，坐在岩板倒偏偏。

外婆坐在高山岭，冷风常常吹四面。

对人不住莫冷心，也要站高望得远。

放碗感谢歌一轮，要管他皇上也有穷亲连。

等到孙孙他长成，送去学堂把书翻。

入学中举坐朝廷，接位长沙大总官。

长袍短褂穿在身，讲话和文带书点。

长大四海去扬名，发达兴旺得长远。

6.

红兰报到我家门，天喜报到我家门。

坐在屋里大欢心，祝贺你家好龙神。

我们几个姐妹把话听，手上没有钱一文。

投靠四面的亲戚，若肯支借一块我背情。

困到三更觉就兴，九几算盘都打尽。

我们庆贺少礼行，扯破耳朵不到口，再少外孙的衣裙。

鞋帽衣服少得很，头上又缺帽金银。

贺喜抬来担子轻，鸡蛋鹅鸭搞不成。

忧愁心中多苦闷，没有脸面见你们。

你们不把我看轻，马上迎接进家门。

人有诚心天照应，星斗下凡赐麒麟。

你做阿婆坐稳稳，等望孙孙他长成。

长大送去学堂奔，和那孔子去学文。

书读礼讲样样行，生成一半学得登。

你这学童本聪明，活像哪吒闹海深。

力头太子有大名，门外竖起围杆银。

上朝保主上朝门，骑马抬轿有威名。

是人见了都相信，后辈我也有光荣。

歌言放下收了韵，应我的话才满心。

## 三、路程歌

红兰报到我们家，天喜报到我家门。

耳闻见喜笑哈哈，祝贺你家好龙神。

动脚出门来你家，举步出门来走亲。

一路走过学堂耍，老师个个看得清。

他们出口把话说不像是人去行亲，个个空手不同人。

少了衣物送孙孙，再少衣裤又背裙。

走过流吾转嘎爬，仰天叹气冲天云。　　　　　　流吾、嘎爬：地名。

走到抓苟歇一哈，当真实在家穷贫。　　　　　　抓苟：地名。

躲躲闪闪有点怕，搞坏名誉丑了名。

走过当绒到告八，树枝长大百草青。　　　　　　当绒、告八：地名。

水井就在田坎下，井内泉水深又深。

走过你们家坎下，打个招呼真热情。

扭扭捏捏有点怕，空手拜望走你们。

进到家中喊阿牙，穷了父母你贱轻。　　　　　　阿牙：对女儿的称呼。

要求公婆不要骂，等望孙孙他长成。

长大送去学堂耍，学习文化大聪明。

书读理通官得大，门外竖起围杆银。

门前又把彩光发，两边屋前挂银灯。

家中闹热欢呼大，讲那条款好理行。

让你延年一百挂，坐享古老福寿春。

我讲这些不是夸，应我的话你才信。

## 四、吃三朝饭歌

1.

喜中所爱作歌言，欢喜才把歌言耍。

红兰天喜到此来，天赐麒麟人才发。

喜爱没有什么抬，口中庆贺到来耍。

抱愧自己很遗憾，上辈婆叔要管他。

大众欢喜到此间，留言又送哪个答。

2.

三朝喜庆把酒饮，喜爱饮酒坐团圆。

生下三朝抱出门，拜地参天在门边。

拜望日月笑盈盈，他是星斗下凡间。

得了水牛一大群，挂包满装是银钱。

屋场中间有龙亭，起屋梁上龙口开。

老人你们修好阴功大德行，坐到古老的寿年。

少年你们送去学堂读书文，去和孔子学文才。

通熟四书和五经，廉耻礼义记心间。

毕业马上做官人，坐到省里衙门官。

穿着长袍大衣领，戴上官帽掌官权。

我们奉承话当真，应我的话没有偏。

到时真的把话应，你才相信我真言。

3.

酒醉狂言歌唱出，我不是酒醉饭饱乱狂言。

三朝我们把酒服，大家饮酒坐团圆。

坐下三朝把门出，送他拜地拜天在门边。

拜望日月笑乎乎，他是星斗下凡间。

你家屋场内有龙亭柱，起屋梁上龙口开。

修好良心天佑主，龙眼之照看起来。

金孙投胎有一路，五子榜上名远传。

满足七岁送读书，去和孔子学文才。

通情达理立经书，廉耻礼义记心间。

毕业马上得官做，坐到京里衙门开。

穿上长袍马褂足，戴上帽子金银牌。

我来圆话不会组，应我的话你才算。

到期发财笑呵呵，你才相信是真言。

4.

酒醉狂言我讲成，我不是酒足饭饱讲忘昏。

三朝商议把酒饮，大家吃酒坐圆成。

大喜三年抱出门，拜天拜地在堂厅。

拜望日月笑盈盈，他是星斗下凡尘。

你们屋场起在龙头厅，起屋梁上龙转身。

修好阴功和德行，龙眼之照看得清。

赐下银儿和金孙，五子榜上传远名。

长大七岁学堂兴，送去学堂读书文。
又达礼义又通情，廉耻礼义记在心。
学富五车大有名，做官办事去北京。
官衣官帽又英俊，官帽高上戴金银。
我在堂中歌奉承，奉承吉言讲得真。
发财发喜发得登，你才相信我讲灵。

## 五、吃三朝饭唱赞外婆礼物的歌

我们嫂嫂见了喜，嫩树结籽发得青。
外公外婆来送米，鸡蛋鸭蛋好礼行。
又送几只大雄鸡，天天早上叫起声。
好送女儿补身体，催奶哺乳儿长成。
长大读书到省里，当官管遍一个省。
两家同样喜中美，欢天喜地笑盈盈。

## 六、吃三朝饭外婆家陪唱的歌

1.

女儿嫁出我们放，嫁出就是儿孙娘。
祖宗有德如海量，马上添喜到家堂。
我来礼轻本不当，只送几首歌圆场。
孙孙健健康康长，读书北京大官当。
做个大官好个样，大名传遍四海扬。
龙生龙子象生象，光前裕后多荣光。

2.

梦见太阳出来大，一轮红日照东方。
梦见天宫星斗下，日月星斗照吉祥。
门外喜鹊叫声大，欢声震动山林岗。
观音送子贵门下，喜鹊报信先来讲。
今年某月某日话，好个日子吉时良。
你们家中把人发，天赐麒麟送他养。
报到外公外婆家，喜事临门人舒爽。
家中困难我心怕，少了钱币和纸洋。
圈中猪小没养大，奔波劳累脸皮黄。

糟蹋一年收成差，秋收没有几挑粮。
再遭水冲和沙压，八月没有稻谷装。
空空如也我脸垮，少了外孙的衣裳。
少了礼行莫讲话，唱歌几句来填行。

# 七、双喜又生贵子唱的歌

贺喜天庆把歌玩，双凤朝阳大家讲。
麒麟呈瑞得安然，弄璋投胎喜洋洋。
梦赐熊碧天宫来，下界来投下弄璋。
都是贵子来投胎，本是星斗下凡阳。
好话要等贵人言，子继父业发红光。
大人大度好容颜，祖上有德富贵享。
右面白虎把头抬，青龙朝堂护神龛。
福大好比东南海，寿比南山还要长。
长命富贵人有才，双龙出洞保家场。
八仙帮助名远传，龙凤宣扬传四方。
叔伯兄弟把会开，麟子呈祥保安康。
双喜敬爱心喜欢，光前裕后把客当。
外婆又来送摇篮，背带背裙和衣裳。
外公再有礼行钱，又贺喜来送嫁妆。
双喜双贺都此来，龙凤花烛又亲双。
一庆夫妻得团圆，二庆添喜得酒缸。
送我祝贺唱歌言，酒醉狂言把话讲。

# 第二章 贺修造的歌

## 一、客人贺喜所唱的歌

1.

起屋日子来报信，耳闻得信喜心肠。
贺喜就来一个人，到此达你把酒尝。
后山高大厚雄岭，靠在后屋稳当当。
起屋起在宝龙亭，四面包围朝中堂。
帽子高上戴金银，拦团好似宝龙方。
千人百众都来临，是人看见都称扬。
发千发万发千春，人财两旺如海江。
从此以后儿孙成队走北京，荣华富贵得久长。

2.

起屋算得大吉日，紫微高照得龙真。
请个先生是哪某，请从哪乡又哪村。
起屋看个好日子，太安算得北斗星。
起屋起在活龙口，中堂里面有龙神。
龙脉山水来得有，龙凤朝阳在中厅。
发家兴旺有搞头，发财发家又发人。
宝贝金银样样有，东仓东库都装登。
坐在凡阳九十九，万代不老坐朝廷。
一代发去百代秀，朝朝代代出高人。
歌唱圆边把话留，跟着吉言大发兴。

**3.**

美观大方多雄壮，好似湘西武陵山。
水晶龙宫东海样，好过北京府楼台。
前有朱雀山狮象，后面玄武接接连。
青龙白虎两个旁，八卦水口绕门前。
活龙叫在屋中央，银水四处流拢来。
财如涌水起波浪，荣华富贵如花开。
从此财发人兴旺，老少共享幸福年。
歌唱圆边是这样，依照我的奉承来。

**4.**

恭喜华构一首词，庆贺我来把歌唱。
天地开昌大吉日，紫微高照你们乡。
四方亲朋来到此，各处亲朋来敬仰。
坐瓶边挂抬彩绸，火炮连天震山岗。
闹热好似人千秋，扬名传去遍四方。
差我什么都没有，喜贺就拿手一双。
手长抱愧短衣袖，抱愧心中不好想。
木匠起屋手法溜，胜过鲁班人以往。
建这房子三层楼，雕龙画凤有名堂。
家坐龙口活龙头，山环水抱大吉昌。
还有白虎雄赳赳，青龙绕在门前挡。
五龙相会来抢球，包围就在屋中央。
先生请得大高师，看他真的好眼光。
精通三教和九流，八卦演出飞宫掌。
黄龙赶去远九州，红龙也撵去远方。
青龙真相在里头，好龙护在屋神康。
希望从此到行实，荣华从此大兴旺。
银水都往家中流，去买聚宝盆来装。
荣华富贵万古留，猪也肥来牛也壮。
快活好过红日子，万代繁荣坐凡阳。
福如东海水长流，寿比南山还要长。

**5.**

做客来到客堂中，喜贺米到这里头。
东家起屋费力用，待人接物笑悠悠。

还请帮忙各大众，谋划出力费心忧。
差我面上力不从，一样帮忙都没有。
一来家贫二老怂，乞丐傍门度春秋。
贺喜少了贺礼送，在后达你来饮酒。
光是来个人空空，服喜空脚又空手。
不知害羞把歌颂，是我个人出了丑。
亲戚都抬礼物重，礼上记名多多有。
烧起爆竹天地动，各处亲朋都到此。
下元甲子旺庚重，紫微高照屋里头。
下脚起底活龙宫，起屋起在活龙口。
你们财发人兴大作用，榜上扬名贵生子。
不管害羞把歌领，今日是我出大丑。

6.

喜贺落成歌一首，表达几句话心情。
心情舒畅乐悠悠，心花怒放作歌云。
起屋选得好日子，艰苦奋斗创业新。
起这砖房瓦房冲北斗，大厦千秋日月兴。
做好这套屋翘手，翘起好比牛角形。
飘檐鳌鱼撑天斗，好似鱼儿游海深。
好木好料请好师，师傅请得大高人。
脉法打得很熟溜，标准尺寸最可行。
如此高才本少有，恐是鲁班投转身。
各位亲朋来到此，恭贺庆喜最热心。
爆竹烧来如雷吼，天响地动震天云。
礼物样样抬得有，镜瓶彩贺色色新。
见了别人我害羞，脸上无光丑了人。
你我本是老朋友，应当上彩抬礼行。
碰着哥儿最锥子，空脚空手就来临。
庆贺抬来一张口，开口大大把酒饮。
不怕见人不怕丑，再要唱歌来出声。
老表莫放心里头，不要烦我不通情。
祝贺落成永千秋，荣华富贵万年兴。

7.

起屋起在龙头宫，起在龙腰的中间。
朱雀玄武朝堂中，白虎青龙接接连。
四面八方都来朋，炼宝炼在堂屋边。
子孙代代出英雄，代代富足到永远。
大厦千秋乐无穷，荣华富贵得双全。
奉承好话在此中，跟着好话发登天。

8.

老表起屋我贺喜，唱歌几句来表情。
今天日子好无比，天时地利又人和。
日月星辰放光辉，紫微高照屋中厅。
三阳开泰凑合你，好个日子建龙庭。
起屋起在活龙嘴，子午正向踩中心。
前面朱雀多雄威，后面玄武大高岭。
子孙万代安乐居，富贵美好乐盈盈。
荣华富贵长流水，子孙代代大隆兴。

## 二、主家感谢众亲友前来贺喜房屋落成的歌

堂中安静听我诵，听我蠢人唱一首。
我唱自己的苦重，不唱你们也不知。
我穷坐在老家中，屋柱小小雨淋头。
怎么修补也无用，打伞才能遮雨漏。
全家商量把工动，全靠本寨众朋友。
请得师傅来家中，很快砌成屋架子。
我报报信众亲朋，辛苦你们把路走。
到边费力你人众，少烟少茶心莫忧。
少肉少酒我心痛，请浓吃淡少盐油。
多谢你们的贺礼银钱来赠送，亲戚六眷和朋友。
你们恩情如山重，义如贤德张关某。
好情我记在心中，一代讲去一代留。
今天你们安心用，莫管饭菜好与丑。
不知害羞歌唱诵，情谊嘉惠得长久。

# 第三章　认亲过礼主人的歌

## 一、主人起唱的歌

奉请大家要留言，堂中歌唱把歌耍。
做客送酒到此来，来到我村过礼花。
安梁居住我这边，喜渡鹊桥来当家。
二人先修五百年，不是姻缘不相也。
兄弟定婚配团圆，喜爱达陪把歌搭。
今天不是耍嘴才，不是显能耍嘴巴。
过礼需要唱歌言，都是老朝留的话。
要唱要讲方成圆，规矩过去定得大。
人众听歌要耐烦，想到这情要管他。

## 二、主人唱谢媒人的歌

**1.**

通路开通我边到，大路开通到我家。
红媒开亲费心了，修桥铺路费嘴巴。
鞋子穿烂费心劳，劳累费心汗水洒。
口中油盐有一套，嘴巴实在会口夸。
不嫌我穷财富少，总讲全堂一朵花。
过礼插香把信报，请得先生算得发。
子丑寅卯八字告，甲乙丙丁算不差。
吉星红日来高照，吉日插香过礼花。
大米抬来几十挑，还有猪肉和粑粑。

酒糖满满箩筐挑，新布银饰摆成沓。
茶盘又摆金银料，再有银钱几万巴。
爆竹声响真热闹，天响地动震天涯。
插香过礼费力了，费心费力你亲家。
当客主人把皮哨，当客我当得最差。
锅子没有肉来炒，豆腐没有油来炸。
总是我穷家财少，你们来重我配差。
再要作歌陪来到，怎么好脸见亲家。

2.

修通道路修整齐，修成道路大又宽。
我们开亲来结义，好亲结下把你难。
修桥把你心劳累，冬夏热冷又熬寒。
好情记在心中内，写在本子书中间。
你的良心修好我们记，坐比古老的寿年。
我们空口来谢你，只用嘴巴把恩感。
送你一分钱来表心意，表个心情在此间。

## 三、主人唱客人的路程歌

歌唱言词作歌摆，讲这亲家的根源。
做客来到我们边，过礼来到我们村。
叔伯房族都拢来，蜂蜜蜂糖甜得很。
花费银钱万万千，用了钱币费了心。
走过走绒路中间，路道两边百草青。　　　走绒：地名。
望那米行没好远，赶场你走场中行。
顺如八仙飘闹海，活像考举去北京。
是人都要望一眼，好似曹操带雄兵。
马库乡镇有大官，好多干部看得明。
不知何人把亲开，就是夯寨去走洞冲村。
茶盘上面结冰块，完全都是摆金银。
有字有名传在远，盖过十里的富人。
共良八的路岩板，吃烟大家歇一阵。　　　共良八：地名。
白话讲得笑开脸，公公心病爱儿亲。

走路我们要快点，马上走过当吾坪。　　　　当吾坪：地名。

好那水井在上边，井泉流水清又清。

起个大屋有好宽，雕龙画凤在中心。

走人个个心喜欢，男女老少喜盈盈。

好似太阳升东边，万紫千红色色新。

上坡你们出了汗，汗流浃背湿衣巾。

翻坳就来到村边，村子树木枝丫青。

看见是人都喜欢，一路礼物多礼品。

门外爆竹响震天，天响地动震天云。

堂屋担子都装满，待客主家要热情。

让你们坐这小凳歪偏偏，茅屋里坐不安身。

总要宽想远远看，既来则安要安心。

委屈一帮来得远，费心费力苦你们。

歌言唱到歌圆边，一句不讲话忘昏。

## 四、主人唱怠慢客人的歌

1.

相约日期都清楚，报信到家成几场。

差我没有东西做，自己方便无高场。

又少酒来又少肉，对人不住你莫讲。

后辈亲朋都辛苦，姊妹上班为姑娘。

亲家亲朋一家主，饭饱莫讲菜名堂。

好亲费力费心做，抬重担子千以上。

担子摆满在堂屋，堂屋摆得无处装。

做客你们又杀一头猪，红纸贴上做名堂。

过礼抬来金坨坨，悄悄送我到内房。

送我接到手中热乎乎，心中喜爱在心肠。

你们真是富裕老财主，胜过员外的家当。

少菜少饭心莫虏，远远地看宽宽想。

皇上也有穷亲出，甲乙丙丁不全堂。

歌唱圆边打招呼，填言不到那心广。

2.

大众留言听歌言，听我人笨唱歌云。

做客你们到这边，你来做客我们村。
抬来礼行万万千，还有重担几千斤。
还有一些是红纸包扎在中间，打开一看是银圆。
还有一半是船板，两边船头翘起程。
藏在家中银箱间，拿来做客做礼行。
让我赶快放在锅中间，减水赶快洗得清。
真的确是好亲开，心中满意喜盈盈。
天宽地窄莫要管，行坐不安费了神。
烟茶招待不到边，饭菜差了莫怒心。
开亲结义成一块，宽想远看才好亲。

3.

商量热水洗米来，米粒又大白盈盈。
洗成摆在木盆间，摆在灶房当中存。
早晨打起成一天，年轻换班解衣巾。
打粑费米你们愿，捏成圆圆的粑饼。
打成抬来我这边，分送叔伯众六亲。
是人拿得笑颜开，拿得个个笑盈盈。
喜炮放得响震天，烧那爆竹震天云。
是狗寨中走跑完，躲得无踪又无影。
费力亲家一方面，万数以上才能做得成。
到亲肉酒我都欠，豆腐没得一块吞。
回去莫讲让人谈，开亲就是一家人。

## 五、赞扬客人礼物丰盛的歌

1.

歌唱言词把歌韵，大众听我的歌言。
请得媒人来提亲，讨亲结到你家来。
许口送了我满心，发达兴旺发登天。
发人发满似竹林，发来盖过一边山。
荣华富贵都来临，男孙女孙发满满。
亲家面上费力很，钱米花费了若干。
送你儿媳好衣新，都买料子布抬来。
银绸花缎样样新，又送若干花八台。

再送毛绳和三金，摆在那里做一沓。

再送银圈大大根，让她做客戴去红光发。

人家要问你从哪家到来临，来从某某他的家。

再送许多酒香槟，茅台再好满口花。

杀个肥猪肥得很，板油厚如手板大。

让我们吃肉如虎出山林，挽起衣袖把肉夹。

一些贪嘴吃得狠，好似豹子吃那小狗花。

肉饱酒醉着了瘾，脸上挂了红桃花。

有话来陪讲不清，醉酒马上困倒下。

你们都是完全亲，聪明伶俐富有达。

耐烦原谅着我们，好丑我们是一家。

2.

感谢媒人话起头，嘴巴感谢谢起来。

你的口中有盐嘴有油，嘴巴油盐似蜜甜。

把我扯夸过了头，亲家他们信你言。

让你们过礼抬来礼物厚，钱米抬来千万千。

摆花堂屋无处走，好大堂屋都摆满。

让我得这银钱广阔家中有，坐在家里发大财。

很多银钱身上收，好用好耍好游玩。

我好游玩去吉首，又坐车子走花垣。

赔情不到记情有，好情我记在心间。

歌言唱到这里止，我的唱过到你来。

3.

做客到我家里头，过礼来到我们村。

好亲面上费力走，你们认亲费了心。

钱米广大出大手，甜酒香酒好礼行。

钱币摆在茶盘有，完全都是天安门。

举步动脚出门走，走过一村又一村。

是人见了大赞口，好像考举去朝廷。

衣服衣帽带得有，依照大富的礼行。

我们女儿得好婆家受，彩礼抬送我家门。

织布各人把苦受，红的绿的织得新。

放在箩筐光溜溜，红光四射好光明。

再送白银戴在手，项颈戴上项圈银。
女儿真的好点子，做客好去四乡行。
看见是人乐悠悠，公婆家中富贵门。
抬来摆在屋里头，十分满足喜在心。
招呼弟兄伯叔子，养女总要嫁高门。
夜饭未吃先倒酒，肉饱酒醉我满心。
三天两夜不算久，我们家里是穷人。
总要耐烦声莫做，宽想远看望前程。
辞别回去转家走，回去空手送你们。

4.

买牛就看力气大，看牛力大把犁扯。
莫看女儿的娘家，娘家穷苦少家业。
到我家里过礼花，钱少不去把布扯。
落雨天生多下骂，龙凤呈祥天地车。
无钱不敢讲大话，抱愧垮脸没得色。
以后富足再补下，以后富了转填塞。
走你走我讲的话，要讲仁义才可也。

## 5. 自愧没肉待客歌

歌言交边到我云，在后答歌很为难。
过礼送钱是你们，花费银圆千万千。
杀猪又把酒来迎，抬来交送我安排。
碰着主人有私心，把你们的猪肉都藏起来。
藏在木桶不知信，想把猪肉拿去过新年。
炒菜萝卜盐不听，萝卜你叫做肉片。
你们赞扬我愧心，称赞就是把我谈。
我们是聋子打屁心里明，自知自明在心间。

6.

你的歌言交边到我来，让我答言讲清楚。
认亲你们抬银块，过礼来送到我屋。
肥猪送个三百三，尾巴很长拖下土。
我们只是加油盐，挑水就来把饭煮。
厨师炒菜水平浅，把你们的精肉藏完不清楚。
炒菜每碗味都淡，你们有话在心讲不出。

坐在堂屋唱歌言，称赞是讲我啰唆。
我们自知愧心怀，聋子打屁自清楚。
把话要求讲出来，不要称赞我知足。

7.

不要称赞把我哄，把话要求讲出来。
你的嘴巴溜溜浓，称赞的话是你谈。
没有一餐当客浓，请浓吃淡酒一碗。
你再夸奖在堂中，把个鼓圆打边边。
越是称赞把歌隆，我们实在没得脸。
我们都是自家中，好亲代代望长远。

# 六、过礼开席歌

插香过礼我家中，过礼你们到这边。
叔爷伯子一大众，亲戚六眷完全来。
过礼略略把礼用，桌上酒肉放三碗。
三杯三碗礼行重，一杯拿来敬上天。
地脉龙神敬进贡，天大地大要知全。
祖宗写在纸上红，国亲师位是家先。
二杯敬送红媒公，把我们把大路开。
你做红媒耽误工，丢工了日也不管。
挖成水渠在此中，帮我二面架天杆。
抬起锄头去开工，开通井水流清泉。
开亲结义情有浓，亲戚两家望长远。
三杯亲家我要送，人等房族都优待。
过礼你们费力重，大家都把重担担。
银钱包在红纸中，打开全部是银圆。
再有甜酒香酒送，又有粑粑和糖烟。
猪肉猪腿抬得重，钱米花费万万千。
我们大家来相逢，三班老少心喜欢。
福如东海深广雄，各位寿老比南山。

## 七、谢亲家的歌

亲家面上讲几句，狂言乱道莫心野。
认亲来到我家里，过礼来到我家歌。
你们高上费了力，兄弟房族和叔爷。
费心抬来很多米，同走一路好光色。
粑粑糖饼和布匹，匹匹都是发达尼。
光洋包在红纸内，数来超过万千百。
还有手圈项圈递，摆在盘中光色色。
兄弟堂亲做得齐，每个一挑都有得。
到我家中窄天地，饭菜不好来当客。
家内贫穷受苦累，清汤寡菜油盐缺。
你们回转归家去，不要讲我苦情节。
我家丢丑不必叙，你们莫做冷心客。
狂言夸口唱几句，作歌一首来感谢。

## 八、唱新郎的歌

新郎面上唱一阵，不要骂我不明白。
过礼你们费力很，安梁居住我家客。
你在家里是男人，名誉成了小郎爷。
今天又要送你彩带做把凭，心里不要抵我悦。
到了那时候你们夫妻二人得相迎，共杯饮酒心里热。
好比孟光配良人，恩爱夫妻笑眯眯。
如水得鱼共一枕，蜜蜂得遇好花色。
玉种蓝田总有韵，依照古人书上写。
堂中唱歌话有情，照话填言本可也。

## 九、唱亲家房族费心费力的歌

歌言一边唱一次，呆人我紧乱狂言。
讲到你们叔爷和伯子，叔爷伯子个个难。
你们个个费力有，是人都都米一担。
一同出到屋门口，好似龙飞凤舞来。
摆在堂屋无处走，家里没有地方摆。

你们都是亲叔子，你帮他去他帮添。
好情记住千年有，千年万代记心怀。

## 十、唱后辈舅爷贺喜酒的歌

歌言唱送亲朋友，亲朋各处和亲眷。
来到家中吃喜酒，后辈舅表都拢来。
各处亲朋来喝酒，你们喝酒费力烦。
布匹布缎抬在手，摆在我家成一排。
绫罗绸缎完全有，都是好布抬起来。
再送银钱送款子，人人都送几百块。
各处亲朋来到此，有心挂念到此来。
费力为我们女子，许口要嫁报你先。
礼行抬来我家收，好情记住在心间。

## 十一、送别客人的歌

坐成两夜我家里，两夜歇在家里头。
在家千日出门累，我家都是茅屋子。
困我屋里不好睡，被子棉花都没有。
一家喊来歇一会，酸汤盐淡没有油。
自己心中抱了愧，无脸见客出了丑。
动脚回转归家去，少礼相配心莫忧。
送你们家人看见叹了气，衣裤鞋袜都没有。
看了各人不中意，抬多礼物水里丢。
自己也要想进退，花钱过礼为儿子。
以后我们来嫁女，将来生个麒麟子。
承根接祖做富贵，富贵双全乐悠悠。
歌唱圆边在这里，传话报去你们家里头。

# 第四章 认亲过礼客人的歌

## 一、唱主家盛情款待的歌

1.

进茶过礼到你家，算到吉日来送酒。
就差我屋家贫下，一样礼行都没有。
到边迎接礼行大，热情接进家里头。
猪蹄子也炖得趴，和起海椒做卤子。
粉条又把胡椒下，香甜真的好口味。
八大六小盘子大，山珍海味办得有。
高档酒席来摆下，不知菜样的名字。
吃肉选那大的夹，一筷两个做一口。
你们都是好东家，当客像你本少有。
吃饱多谢唱歌答，感谢主人盛情有。

2.

做客来到你们家，过礼来到走你们。
不比别人亲戚眷，四下五方六面的眷亲。
别人他是抬糖抬肉又抬粑，还有钱币做礼行。
求亲之时讲大话，到了过礼才忘昏。
东拉西扯四处抓，肯找没得一分文。
哥兄老弟叔爷大，空脚空手吃相应。          吃相应：方言，指白吃白喝。
你仍也七盘八碗都摆下，夹肉选那大块吞。
餐餐吃肉把酒呷，张大刀口把酒饮。
酒醉饭饱把歌耍，肉饱酒醉很满心。

3.

认亲我们到这里，媒人引路到此来。
今年我乡年成水，米桶没有米来摆。
哥兄老弟来几位，个个空脚空手来。
亲家宽想在心内，亲家老母要心宽。
到边招待很满意，猪肉牛肉都摆满。
再有鸡鸭肉摆齐，香味扑鼻多新鲜。
多谢亲家的客气，你们好情记心间。

4.

名誉我们来过礼，礼物一点也没得。
两个锤头一张嘴，空脚空手不得色。
热情招待好无比，鸡鸭鱼肉摆齐彻。
让我吃肉又饱来酒又醉，吃肉先把大的扯。
肉饱酒醉心中美，一句也不讲感谢。
亲家心中莫后悔，远远地看宽想些。

## 二、感谢媒人的歌

1.

言表从前媒人知，廖家达寿牵马爷。　　　　廖家达寿：古代媒人。
要是文王家里头，要去武王求小姐。
说合成亲乐悠悠，门当户对红庚写。
姻缘要等天生赐，来年贵子把祖接。

2.

难为媒人帮打通，娘婆二家把亲开。
为帮开亲耽误工，丢工了日也莫管。
开渠引水灌田中，帮我二面架天杆。
才拿锄头去开工，开通好井清水源。
到期花烛吉日红，夫妻恩爱得长远。
情重不忘红媒公，代代记情不忘怀。

3.

媒人你也修通道路修整齐，修成道路大又宽。
我们开亲来结义，好亲结下把你难。
修桥把你心劳累，冬夏热冷又熬寒。

好情记在心中内，写在本子书中间。
你的良心修好我们记，坐到古老的寿年。
我们空口来谢你，只用嘴巴把恩感。
送你一分钱来表心意，表个心情在此间。

# 三、客人唱缺少礼物的歌

## 1.

发表歌言送我唱，歌唱推辞让我摆。
才疏学浅心中昂，歌唱不能来打偏。
歌中不讲是别项，单唱亲亲才来开。
媒人讲亲你们放，没有嫌我家贫寒。
闲时来走你家堂，通过认识才知全。
要说我们的情况，事从节约来开展。
礼物礼品没一样，走亲也是空空来。
不比别人有酒缸，扁担抬米箩筐担。
与人来比不恰当，人有力大有力软。
东家热情来观望，不要讲我心抠财。
亲朋齐了四五方，姑娘姊妹都拢来。
后辈大人请在上，喜酒喜饭心喜欢。
哪知我们做不像，酒肉不够搞一餐。
少了才成这模样，各人面上没得脸。
开亲要把义问上，讲仁讲义得长远。
你们总要做那君子有容话有量，会想也要想得宽。

## 2.

爱亲才把亲来开，两家两面心满足。
我们两家成亲眷，感谢媒人受辛苦。
认亲到期走亲来，这些礼行我清楚。
认亲要把礼物抬，要抬甜酒要抬肉。
礼物说声家贫寒，想买没有什心做。
脸色灰蒙不管天，缺少礼行不要数。
少米抬送才为难，少了银钱我心苦。
又少甜酒在酒坛，又少内吃少酒服。
礼物又少钱来买，过礼又少米不足。

亲家不要冷心怀，总要容情莫恼苦。
放眼世界看得宽，皇上也有穷亲做。
要讲仁义长往来，世上钱财如粪土。
背后莫讲我剥然，好坏都成了一坨。

剥然：方言，指背后话。

3.

名誉走亲歇一夜，一边走来一边怕。
礼物礼品也没得，光是抬来一嘴巴。
个个都是空手客，怎么好脸进你家。
袖短手臂长了些，手长袖短挡不下。
去年谷子收没得，钱少称肉小不大。
自己知道礼物缺，空手空脚走你家。
自愧无脸不得色，这样丑名不是假。
我们都是人蠢呆，不知羞愧把歌耍。
照此情况作歌说，好坏你们莫管他。
话讲东家的情节，费尽精神一坡叭。
我们一到就迎接，满面春容笑哈哈。
烟茶招待如宾客，马上又把火来发。
酒席招待最亲热，厨房请得厨师大。
高贵厨手把肉切，又着酱油胡椒下。
摆上桌子一大些，随后又拿味精撒。
让我们贪颈马上忙不扯，赶快把凳桌边拉。

忙不扯：方言，指忙不赢。

吃酒吃肉我心热，油水流得满嘴巴。
酒醉作歌来多谢，开亲就是成一家。

4.

做客到来你家走，过礼进到你家门。
走亲我们打空手，每个都是空手行。
我家贫穷出了丑，认亲我们少礼行。
又少肉来又少酒，又少糖粑箩筐轻。
钱也没得财没有，见样少了愧在心。
家下贫寒心中忧，坐在家中盘不成。
想做没有什么子，到期过礼才忘昏。
你们也一句没谈我家丑，再办好饭招待亲。
亲家面上原谅有，花钱费米莫冷心。

一十多岁许了口，到了时候嫁出门。

发如鱼虾有望头，树木发成大森林。

5.

    插香少了香来送，过礼少过贺礼钱。       插香：方言，指认亲过礼。

    祖宗神龛香烟奉，万代祖宗心喜欢。

    我们也不比四方的富翁，不知礼数礼不全。

    东家主人有大用，热情周到我们欢。

    我们也缺少酒肉抬来送，抬来不够搞一餐。

    两边开亲花儿红，两面相亲才来开。

    开亲要把义问重，讲仁讲义得长远。

    圆边歌儿来承奉，填言不到那么宽。

# 四、辞亲的歌

1.

    插香才把歌言唱，听我歌唱话根源。

    媒人面上你们有话讲，语言有话在内心。

    不嫌我穷许口放，千斤仁义大得很。

    择日送酒到家堂，不懂百样的礼行。

    礼少才来迟天光，天光就怕见了人。

    辞别礼物你们做得像，完全都是大礼行。

2.

    走到你家来过礼，送酒才到你家来。

    哥兄老弟都来齐，本原抬少过礼钱。

    到边杀猪又宰鱼，让我们的那些兄弟心意满。

    辞别你们配布匹，晓得花费好多钱。

    买尽市场布行里，我们得了新衣穿。

    费钱费米把我为，好丑我们把亲开。

# 五、讨新娘红庚的歌

狂言把歌唱一轮，酒足饭饱乱狂言。

难为岳母把女生，身上心肝分出来。

吐甜喂儿苦母吞，娘吃酸苦儿吃甜。

小小婴儿费心引，日夜扶养不得闲。

送到学堂读书本，花费不少的银钱。

二十来岁容貌新，我请媒人把亲开。

你们也听了他的油盐口味论，许口我们认亲来。

今天我要和你们讨红庚，要求把她红庚开。

自古女嫁男完婚，红庚开送不要冷心怀。

要让他们夫妇和睦一家亲，恩爱夫妻配团圆。

天赐麒麟贵子生，明年背孙走你来。

# 六、讨求儿媳妇跟着回家的歌

歌言无比多有话，全部课题有若干。

什么歌言抛丢下，当前的话讲在先。

某月要到农忙大，到了农忙的时间。

又要犁田把秧下，芒种农活丢不开。

要和你们要求讨取新人来我家，动脚回家一起来。

不想担心放不下，闷在肚里想差偏。

女儿也要成一家，总有一日要分开。

生成男婚女要嫁，天经地义的理才。

思索想我这层话，若肯答应我喜欢。

讲到这些理由大，和你要求要放开。

# 第五章　接亲拦门接客歌

## 一、主客拦门接舅爷歌

1.

进起前来把歌唱，听我又来把歌摆。

后辈舅爷你们千辛万苦走一趟，路过千难走万险。

亲朋各处都等望，是人大众望你来。

好比秦琼为母的情况，祝寿等望罗成先。

一齐到了心才放，主人面上心喜欢。

2.

一帮后辈到家堂，久久盼望才到边。

你们费力走一趟，辛苦费力后辈来。

后辈舅爷请在上，鞠躬尽瘁是应该。

后辈完全是这样，你们情重大如天。

都是你发才成帮，竹来发子根发鞭。

3.

做客到边心才放，贺喜来到我家门。

怠慢你们请原谅，奉请你们莫冷心。

君子有容话有量，我们少有礼貌和欢迎。

我们蠢呆不恰当，不懂一点的礼行。

你们总要做那夫子温良恭俭让，言而合后语则温。

也要宽宽地来想，宰相肚内船扒行。

**4.**

后辈你们来一趟，做客你们到这边。

我们人蠢不恰当，若有差错要耐烦。

先讲酒席这一项，应要你来才开展。

人齐到了一大帮，心怕麻烦才早开。

我们一日总等望，你要谈我你也谈。

当时绕步登高望，水向东流归大海。

迎接你到我家堂，宽想远看大胸怀。

**5.**

后辈到了我心放，是人大众望你来。

你们礼炮声响亮，烧起花炮响震天。

彩瓶安排头门放，挂在中堂的上边。

礼物抬来有多样，花费万千的银钱。

奉请后辈把桌上，饭菜不好要莫管。

少肉少酒心中昂，外甥穷不这才难。

你们放心又乐肠，好亲代代望长远。

## 二、舅爷在拦门礼中接唱的歌

**1.**

做客来到你家中，礼行少了不敢见。

东家迎接把礼用，桌上酒肉放三碗。

三杯三碗摆出众，一杯拿来敬上天。

第二杯地脉龙神要进贡，天大地大人知天。

第三杯要送家先写在红纸中，宗亲五代第四点。

花烛喜酒花儿红，德星高照日长远。

福如东海深水浓，各位寿老比南山。

今天日子缘法重，真是你们的荣华富贵好双全。

你们从今以后，四海富裕扬名红，富了上辈代代传。

接连跟着富贵中，堆金积玉仓仓满。

今日双龙来出洞，金玉双星配团圆。

算好危日光彩红，好在太安配留连。

龙生龙子凤养凤，水井大大流清泉。

喜气大来如雷轰，现在是喜更喜欢。

天赐麒麟贵子种，到了明年又打转。
让你们一半背来牵手中，名高书大把书盘。
让他真的通情达理有大用，诗云子孝父心宽。
春到花香多人朋，人发财旺万古传。
奉承歌言必有奉，荣华富贵万万年。
事实跟我吉言中，一点不能来走偏。

2.

贺喜又来唱一遍，听歌人众听我说。
我本才疏学又浅，爱唱没有什么扯。
是亲都是十分爱，外甥结婚报我也。
报我阿舅一方面，无比高兴最心热。
粗脚来走你贵寨，庆贺来了人一些。
做客少有礼物欠，礼物少了不得色。
动脚走到坪场间，迎接后辈用礼节。
人有诚心和善愿，惊动四海龙王爷。
公子为人多灵便，兴配龙王的小姐。
择其善者而从善，得娶贵家把亲接。
好比红娇和李代，龙王得在深水歇。
接亲满堂红光现，好似日头光辉烈。
好礼好物好品献，抬来你家发财得。
嫁妆配女除在外，格外金银送黄白。
客情贺礼无数算，人才两旺最可得。
祖宗有德天有验，兰桂腾芳过岁月。
幸福多有全堂在，发达兴旺大可得。

3.

花烛吉席今日开，天开黄道的日月。
选好太安配留连，大利选好天月德。
南北二星下凡间，吉星高照闹热热。
亲戚六眷都拢来，喜贺东家得小姐。
今年接了儿媳面，明年贵子龙床接。
老少三班心喜欢，一家大小笑眯眯。
老者添福把寿添，福禄寿喜齐齐彻。
少年发旺在前边，金玉满堂本可也。

发富发家如东海，比如深海龙王爷。
贵子长大把书翻，案上金书拿笔墨。
马上考入上大专，大学北京都毕业。
骑马坐轿走游街，是人来看大官爷。
你家门外竖围杆，四面光辉胜日月。
吉言不会有走偏，好似谷种过风车。

4.

花烛喜酒开红花，好个日子某月中。
请帖去传报信话，各处亲朋都来拢。
外头把彩头门挂，喜气满家满堂红。
礼物抬来礼行大，门外礼炮震天空。
新娘接来进了家，美貌好比桃花容。
让她承根接祖贵子发，养儿几个出英雄。
你们祖宗有了福气大，坟墓山岗坐福龙。
承根接祖人财发，万代繁荣在此中。
奉承吉言不偏差，应我的话旺兴隆。

5.

走到你家来做客，又空脚来又空手。
来到屋边就迎接，桌子摆在大门口。
五脏六腑好肉色，桌台摆下三杯酒。
弹唱吹打来迎接，抬个八人大轿子。
如此看重本可也，符合礼易与春秋。
我也贺礼少少礼物缺，贺喜就拿一双手。
一分钱币也没得，缺欠礼物心中忧。
无面来见众人客，丢了脸面我出丑。
脸面无光不得色，讲出各人自害羞。
你们总要做那宽宏大量再宽些，总要宽想在心头。
要做古人王茂生，贺喜人贵做军爷，坐上桌子就饮酒。
莫看当今的情节，记得以前开亲周。
本是一家亲人客，姑娘在你家里头。
坐在这里创家业，有树有根才有子。
贺喜来了人一些，十样没得一样有。
穷了你们莫扯白，把我名誉丢了丑。

黄道吉星的日月，椿萱并茂好日子。

大利逢了天月德，紫微高照屋里头。

速喜太安配齐彻，龙凤团圆请喜酒。

龙蛋虎子大情节，富贵聪明龙生子。

发富齐天冲日月，堆金积玉冲北斗。

新人到家笑眯眯，夫妇和睦乐悠悠。

到了来岁生少爷，发如群鱼海中游。

送他学习文化知礼节，入学中举竖围子。

当那总统大老爷，一举成名天下知。

蜜蜂得遇好花色，荣华富贵得长久。

奉承歌唱如此说，依照吉言发登头。

6.

东家感谢歌一首，少讲几句在此间。

狂言乱道紧开口，日后把我骂起来。

歌唱圆边要放手，主人面上要耐烦。

做客人人把路走，小儿饿饭会喊天。

桌子上摆三杯酒，要唱把酒来分开。

前头有路后人走，依照过去的根源。

一杯劝上天星斗，三星照耀下凡间。

地脉龙神二碗酒，龙神庇佑得发财。

宗亲五代国亲师，三杯要敬送家先。

众人酒醉乐悠悠，保佑儿孙发登天。

人众得吃坐得久，添福添寿坐千年。

作揖礼拜要放手，进屋吃饭坐安然。

## 三、主人拦门接正客的歌

1.

做客你来到我家，做客到我家里头。

你们是来把女嫁，老人是为送女子。

送亲你把银钱花，花费银钱一大手。

你们名声广又大，扬名传遍自治州。

到边迎接门拦下，要求你唱歌几首。

2.

    送亲你们把女嫁，做客你们嫁小姐。

    来到我的家宅下，不走路遥是坐车。

    喜炮响声震天涯，礼炮震动冲日月。

    堂中再有糖来撒，三班老少争抢得。

    你们娘家情义大，名誉大大传四野。

    和你商量唱歌话，赶快马上把歌接。

    唱得好来发得大，荣华富贵才可也。

3.

    送亲你们到这里，做客来到家里头。

    送亲花钱不可叙，备办嫁妆样样有。

    你们如同仙女下凡多美丽，再有背亲帅哥好排子。

    你们大家莫嫌弃，帮助谈唱歌几首。

    送我一人总唱没有味，放下送你来接口。

4.

    做客来到我们家，送亲来到我家歇。

    你们花费了大价，嫁妆桶内银子塞。

    费心费力都不怕，大众眼看最清白。

    迎接你们亲热话，容颜喜笑闹热热。

    总要把歌接一下，大家满意才闹热。

5.

    来到我村来做客，做客来到我们乡。

    你们来是嫁小姐，老班你们送老仰。       仰：方言，指最小的女儿。

    送亲花费一大些，花费银钱一大广。

    花费钱米不可惜，四下扬名通四方。

    来到门边要迎接，要求要来把歌唱。

6.

    来到这边把女嫁，小姐嫁到我家来。

    做客来到我们家，怕走路遥把车开。

    烧起爆竹震山崖，礼炮烧得冲上天。

    堂中再要撒粑粑，三班老少好喜欢。

    你们娘家恩情大，名誉传去通四海。

**7.**

送亲来到我们地，做客来到家里头。
仙女下凡多美丽，美貌如花好排子。
嫁女花钱不可惜，备办嫁妆样样有。
你们大家莫嫌弃，都来谈唱歌几首。
有请你们马上会，跟到马上来接口。

# 四、客人在拦门礼中答唱的歌

**1.**

依理言情作歌唱，按照情节唱一点。
歌中不讲别一项，实际要讲话真言。
送亲我来的情况，好个日子把亲开。
嫁妆配女无一样，送亲也是空手来。
缺少礼物心中昂，抱愧自己家贫寒。
家贫寒苦做不像，少了钱米为了难。
亲戚来拢一大帮，我们面上没得脸。
东家热情来关望，多谢东家把情担。

**2.**

来到你家送小姐，你富我贫不同间。
酒席拦门把我接，边到这里边惊战。
嫁妆配女也没得，各样没得一点点。
想到这些丑情节，怎么有脸把口开。

**3.**

到边拦门把歌唱，你们又好声音好歌言。
嫁妆配女不像样，怎么有脸出声来。
陪情不起记情上，好情记住在心间。

**4.**

边来唱歌边心愧，没有一件送新郎。
嫁妆配女无一配，想遍你们莫歪想。
养女要嫁大富贵，此言本是古人讲。

**5.**

送亲我们你家送，小女嫁到你家来。
我们老弟和哥兄，亲戚六眷都到边。

拦门你们把礼用，桌上酒肉放三碗。
三杯三碗礼节重，一杯拿来敬上天。
地脉龙神敬进贡，天大地大在此间。
祖宗写在红纸中，国亲师位是家先。
二杯要送红媒公，帮助我们把亲开。
开亲结义浓又浓，亲戚两面望长远。
三杯要敬客大众，人等房族都优待。
我们大家来相逢，三班老少都喜欢。
福如东海深水浓，各位寿老比南山。

# 第六章　辣椒歌

## 一、辣椒歌之主人篇

1.

厨师请得四个齐，四个厨师不讲理。
打菜每碗是汤水，小心不要烫伤嘴。

2.

一张桌子腿歪歪，四面没有穿方连。
还没摆菜就打偏，没有摆饭倒起来。

3.

谷种和人一起下，耕地和人一起耕。
锅子没洗饭色差，饭菜差了莫冷心。
让你吃这干饭咽不下，干饭卡在你喉咙。
赶快舀水来咽下，饭菜和水一起吞。

4.

世界平成不知者，一世从者好热闹。
我地坐在荒岭野，拿锄上山挖茅草。
无有米饭吃粑也，苞谷和饭酸菜炒。

5.

你们做客到这里，吃的方面不要谈。
天有条来地有例，有猪应杀当客来。
家贫寒苦心劳累，没有肉吃心莫烦。

**6.**

你们做客来得早，安梁居住我家里。
请坐又拿一把草，用这树叶铺在地。
送你们的绫罗绸缎破烂了，烂了衣裤莫可惜。

**7.**

楼门是用刺来扎，小心挂烂你衣服。
起个茅屋真的差，门板也只一扇出。
门外岩板偏倒下，踩着会撞脚皮肤。
我们家下贫穷才搞差，名誉丑了没法补。

**8.**

买得一斤烂牛肠，买得牛肠有一掰。
最差一帮的厨房，绞同好似火镰圈。
一些干净不敢胖，怕有牛屎在里边。　　胖：方言，指即吃。

**9.**

做客你们到这边，小姐嫁到这里留。
吃的都是小米饭，吃小米饭会扎口。
可怜那些人老班，一些老表还好受。

**10.**

养鸡当客鼠狼叼，鼠狼叼走我无奈。
一餐肉吃没得到，豆腐没有得一块。
吃这干饭舌头糙，舌头糙了心里烦。
若吞不了舀水倒，吞下喉咙就好烟。

**11.**

要栽辣椒我也栽，辣椒栽在地头了。
牛也踩来猪也踩，缺少灰粪个个小。
养这畜生不自在，尽是伤人事它搞。
跳天跳地如梭快，好似年轻跳桌高。
垒岩来挡它拱坏，辣椒被踩乱糟糟。
做客来到家里面，小菜里面没辣椒。
又少饭来又少菜，豆腐一块没得搞。
这话不要讲出来，不要讲出把人报。

**12.**

请你到家歇一会，吃的方面都免谈。
天有条来地有例，有猪应当杀起来。
钵头装的是汤水，煮的酸汤无油盐。
一把木瓢在后理，吃了马上又来添。

**13.**

办菜油盐都没有，酸汤盐少油不听。
雷公忌盐无搞头，好敬洞里的雷神。
胜如和尚把心修，好上庙里去修行。

**14.**

送亲四边把猪杀，炒那龙肉在锅香。
我家只有酸汤下，吃完又添一瓢汤。
我家贫穷不敢讲大话，无面来见众客当。
你们总要忍一忍来饶一下，开亲就是一家堂。

## 二、辣椒歌之客人篇

**1.**

桌子你们用油洗，油面光光起红云。
四个角有四凤鸣，四龙抱柱在中心。
八大八小摆重垒，海味山珍办得明。

**2.**

做客我们到此间，来到你家来做客。
筷子不是用竹筷，竹子不是竹子黑。
银筷带从北京来，两面头子包银白。
银钱广阔无数算，你们本是富老爷。

**3.**

请得艺人好手艺，艺人手艺好手指。
你们门外岩板画鸟飞，水牛鱼儿画得有。
银钱用了不在意，才成如此的样子。

**4.**

红绸挂彩三门外，一双绣球挂两头。
是人完全抬眼看，贵富人家大牌子。
人人看见心中爱，看见是人笑开口。

5.

    你们好饭又好菜，好的饭菜真的香。
    口味又好我们爱，真的好吃不要讲。
    我们也一人吃了四五碗，肚内吃饱嘴还想。
    走到路边笑颜开，感谢东家和厨房。

6.

    楼门画有大雄狮，两面扎成两虎野。
    耳朵又竖护两头，我们想牵回家里。
    转去牵到我家留，是人看见心中吓。

7.

    做客来到家里头，我们做客你们当。
    你们田地宽阔到四周，还有水井在头上。
    起个碾房在水口，是人见了乐心肠。
    谷子干了有人收，小姐在家读文章。
    吃饭是吃饭碾子，吃饭碾子白茫茫。
    厨房煮得香透透，请得厨师最高强。
    送我们人人吃饱香在口，心中所爱喜洋洋。
    酒醉肉饱乐悠悠，感谢东家和厨房。

8.

    做客你家来吃酒，又好吃酒肉平吃。
    摆出红花的筷子，金调银筷摆得齐。
    杯酒里面画鱼游，龙飞凤舞真的美。
    桌子四面摆杯酒，盘中油水红光辉。
    我们坐上乐悠悠，做客我们很满意。

9.

    好菜摆在我们面，好饭摆来白花花。
    盘盘如龙如凤站，浓汤浓味飘得大。
    吃饱多谢主人来，心满意足把歌耍。

10.

    这个大菜很容易，走到栏边放出来。
    放它出来走不起，揪那耳朵用刀宰。
    热水煮开在锅内，开了还要冷水掺。
    通条通遍把气吹，用那刮刨刮起来。

开边把肠又来理，手忙快快把肠翻。
厨官刀手多伶俐，案板切肉大大块。
切好就炒在锅里，装在钵头就来摆。
我们也不管出丑大口吃，夹肉不怕被人谈。
想来自己不过意，做个客人没有脸。

11.

桌台凳子上了红，雕龙画凤真的美。
我们也穿破穿烂不敢拢，脏了你的凳子灰。
从来没洗臭气重，站在我们后面要掩鼻。

12.

我们做客到你家，做客来到家里留。
鼠狼不敢把鸡咬，站在鸡笼雄赳赳。
鸡爪大如铁齿耙，打鸣声音震天吼。
好像深山虎雄大，胜如好像老豺狗。
当客把这大鸡杀，马上开笼抓在手。
用那开水来泡它，扯下鸡毛把鸡修。
厨手厉害切肉大，炒到油盐大锅子。
请得厨手帮贵家，五香大料上得有。
山珍海味摆成沓，我们夹肉吃在口。
你们名声传得大，挂牌名传过乾州。
牌子挂在官门衙，看见人赞不绝口。

13.

一张桌子摆满碗，碗碗花杯斟酒甜。
杀牛杀马当客来，当客当得心意满。
肉味香透冲上天，一边又香透四边。
气味又浓又香甜，蒸肉蒸饭气味鲜。
一人吃饭四五碗，肚内饱了口想添。

14.

客人还没来到家，杀猪杀羊杀起头。
为客才把猪来杀，我们个个饱肚子。
七盘八碗摆不下，依照海外的理由。
主家老表劝客话，不肯再吃递在手。

**15.**

放碗多谢主人留，你们实在费了心。
客话造成我位子，主家要找辣子熏。
胡椒大菜加辣子，主人喊叫着盐浓。

**16.**

香料佐在菜里头，想要唱歌心里毛。
我要和你来要求，忍一忍来饶一饶。
歌唱方面要放手，嘴巴就得歇气了。

**17.**

你们装菜摆到我们的当面，暗暗欢喜在心间。
摆来我就夹一块，一斤还要多一点。
好似鸭子吞螺不好看，凸做一坨在胸前。
见了美食人人爱，大大扎实搞一餐。
主家老表啊！贪吃我们丢了脸，要问你家厕所在哪边。

**18.**

你村好似北京宫，真的闹热不得了。
飘檐一寨挂了红，绣球好大挂得高。
好似皇城万寿宫，依照帝王的牌好。

**19.**

主人家里招牌大，起屋盖住一片山。
起屋起得似悬崖，好似腊月白冰块。
我们和你们结义开亲陪不下，我配不上你家宽。
我们都是又少房族客不大，牌子不能和你摆。

**20.**

二面起了占角楼，楼门雄伟高又大。
两边麒麟和狮子，二面双凤来朝它。
胆小不敢进里头，胆子小了我也怕。

**21.**

你们堂屋好比金銮殿，弓洞两边宽又广。
红绸挂彩三门外，绣球发亮挂高堂。
众人把眼看世面，要看你们贵家吉构好搞场。

**22.**

八个一桌照客摆，照客照官的礼行。
富在深山有亲远，这些主东有名声。
盖过五湖四大海，都是朝中大官人。

**23.**

主家老表很在行，酿酒要送酒成帮。
酒曲你用什么酿，每桶米酒都甜香。
又又甜来又又香，肚内饱了口还想。

**24.**

君子谋才把歌造，小人谋食不敢答。
歌唱我们做不到，像我们这人就好争颈贪吃填嘴巴。
把你们的厨房厨师都推倒，碗盏盘筷都搞杂。

**25.**

你好现钱拿去买，买碗花费了金银。
选来一套装茶碗，米酒你用杯盏盛。
盖过五湖四大海，当客你用大礼行。

**26.**

家里银仓和金库，要花用的是银洋。
用大款子去称肉，买得千斤上万两。
欢欢喜喜靠得住，一点下杂也不昌。
请得厨师进了屋，当厨手艺最在行。
买得肉多不愁住，切肉大个重斤两。
让我们贪嘴的人大口福，那些斯文不敢胖。

**27.**

你们的银钱广阔家中有，金碗银筷千千双。
不是漂言话水口，你们的这些好去吃饭进考场。
客来用这贵竹子，高级筷子好名堂。
上料银竹红溜溜，滑面溜溜亮通光。

**28.**

大伯家里把猪杀，叔爷家内杀羊子。
杀猪宰羊名声大，就是你家大名有。
腊肉炒多吃不下，肉饱酒醉把歌留。

29.

　　到边就杀肥猪大，板油厚实过手板。
　　为客才把猪来杀，个个张口吃大块。
　　七盘八碗都吃下，好似海外的礼款。

30.

　　主家老表很贤惠，热情招待我们有。
　　切的肉丝很过细，香肉美味很浓口。
　　红烧肉炒好香味，五花肉肉样样有。
　　粉条下来粉丝细，胡椒五香做卤子。
　　青菜又把酸汤配，送我们酒醉肉饱好解口。
　　我们也四乡唱歌跑多地，直到今天才见识。
　　好情我把心中记，永远记在心里头。
　　多谢主家好情义，来年生下麒麟子。
　　在后把歌唱几句，荣华富贵得长久。

31.

　　我们做客到此间，做客到你家里头。
　　锅子煮香白米饭，又香又甜白悠悠。
　　牛肉炒好放了盐，猪肉烧得红溜溜。
　　佐料统统下齐全，香味扑鼻滋味有。
　　我们吃饱再想加一盘，肚子饱了才放手。
　　你们好情记心间，好情记住一辈子。
　　感谢敬你话一言，你们延年又益寿。

# 第七章 慰客歌

## 一、请客吃饭自愧歌

**1.**

做客你们到这边，你们来到我们村。

姑娘姊妹都拢来，亲戚六眷都来临。

活像八仙飘过海，走来好似舞龙灯。

银钱抬来几万千，贺礼钱币又金银。

担担的人出了汗，年轻的人费了心。

再有米谷担了千万担，胜过雪白亮晶晶。

送我们前仓后库都装满，各处四方远传名。

镜瓶照亮大红彩，万紫千红本是真。

礼炮烧得响震天，天摇地动震天云。

费力你们亲四边，钱米花费万千银。

主家缺茶又少烟，粗茶淡饭待亲人。

天宽地窄心不安，坐卧不安不通行。

锅子小了不熟饭，没有好菜莫冷心。

请浓吃淡没得脸，黄瓜当菜油盐轻。

我幼手长衣袖短，自己无面见你们。

你们也要心莫管，以后富了再还情。

祝你们添福添寿齐齐添，坐到古老的年成。

少话难为都要担，唱歌几句来担承。

2.

奉请大家要留言，听妹把歌唱一篇。

做客你们到这边，亲朋各处到此来。

抬这礼行都满满，再有重担有几千。

镜瓶和即大红彩，爆竹震动到天边。

钱币抬来几万千，大大款子数不完。

糖食果品用担挑，粑粑糖饼摆成连。

礼炮放得震动天，天摇地动名远传。

费力你们众亲眷，喜贺今天费心间。

差我们地方不窄走不开，烟茶礼仪不周全。

天宽地窄要莫管，让你们行走坐卧为了难。

对人不住没得脸，无面来见众客眷。

柴火不好差饭菜，让你吃饭见碗酒见罐。

豆腐也没得一块，酸汤无油不听盐。

总要把心放得宽，宽想远看要宽怀。

好情我们记心间，记住万代到千年。

3.

厚起脸皮把歌唱，听我小妹把歌玩。

这堂客人你们千辛万苦走一趟，路过千难走万险。

亲朋客人走得忙，各位亲朋都到边。

一齐来到我心放，无比高兴在心怀。

你们的礼物抬来很多样，钱币也有几万块。

再有电光爆竹声响亮，烧起爆竹响震天。

彩瓶发光头门放，挂在门窗的上边。

谷米抬来装满仓，前仓后库都装满。

费力你们的行上，亲戚关爱心相连。

差了主人做不像，没同四下有方言。

缺烟少茶来敬上，对人不住要莫管。

我们蠢呆很不当，礼貌没有一点点。

你们总要做那夫子温良恭俭让，我们少有礼貌和方言。

君子有容话有量，言而合后语则简。

少酒少肉心中昂，主人穷了很为难。

你们要远远地看宽宽想，好亲代代望长远。

**4.**

做客来到我们处，你们做客我们寨。

亲朋完全都辛苦，抬来贺礼有几千。

摆在我家的堂屋，地下堂屋都摆满。

镜瓶彩挂有无数，再有钱币和花边。

爆竹震天如雷声，天响地动震天边。

好亲费心费力做，恩深情重如东海。

后辈舅爷大辛苦，姊妹上班始娘来。

新旧亲朋笑呵呵，饱饭莫讲不好菜。

我家贫穷家不富，自己方面不方便。

淡饭粗茶心无主，你们总要想宽宽。

又少酒来又少肉，对人不住莫心烦。

豆腐没有得一坨，宽想远看好心怀。

皇上也有穷亲做，甲乙丙丁不能全。

把话说明对不住，各位进餐要慢当。

## 二、劝酒慰客歌

**1.**

作情我唱歌言话，按照情节把歌摆。

做客来到我们家，贺喜你们到这边。

把你六亲朋友费力大，不走路遥把车开。

爆竹响声震天下，天响地动九重天。

礼行贺礼是高价，红纸包内是花边。

完全都是脑壳大，都是脑壳袁世凯。

记礼先生也无法，不知如何写上记得开。

来到堂屋家宅下，待客缺欠茶和烟。

主人无脸来说话，无面无色没有脸。

先前我也想想要来把猪杀，不料昨夜下了崽。

今早想要用刀来杀它，见下猪儿我不敢。

讲到良心我也怕，不敢来把良心犯。

仅仅只有一只公鸡才学把鸣打，昨晚豺狼叼走远。

今早抬刀上山去找它，只剩两个鸡爪在旁边。

只好钓鱼去塘坝，鱼儿躲在深水间。

用手去翻岩头下，螃蟹它也躲得走远远。
两捶胸脯叹气大，打尽九归的算盘。
大嫂她才把我骂，快拿背篓让我去扯菜。
做成酸汤心放下，凶狠的人去做汤才酸。
酸汤当客丑了大，清汤无油没着盐。
坦白我讲本情话，句句是讲话真言。
六亲朋友要宽大，宽想再要想得宽。
你们大家的恩情我记下，千年万代记心怀。
回转家中莫讲话，莫送旁边笑我呆。

2.

做客你们到我家，做客你们到这里。
哥兄老弟都来也，各处亲朋来贺喜。
抬钱抬米抬得大，又费心来又费力。
爆竹吼声震天涯，地动天响真热烈。
抬彩抬屏拿来挂，万紫千红好光辉。
天宽地窄你莫骂，少了凳坐待情你。
少茶少水不像话，又少香烟送你吃。
少酒少肉莫讲话，饭菜不好对不起。
吃饭只有酸汤下，对人不住我心虚。
客来应当是客大，安排不到愧心里。
陪情不起记情下，富了以后把情陪。

3.

做客来到我家中，你们来到我们边。
来到我家堂屋中，都是我们的亲眷。
你们费力把礼送，四方五面费了难。
烧起爆竹天地动，门外震响眼不开。
震得天摇和地动，如同雷炸在天边。
贺礼你们抬得重，红纸包内是花钱。
银洋花边都来送，都是脑壳袁世凯。
记礼先生不中用，不知如何写起来。
来到堂屋一身汗水流得浓，缺欠脸盆来洗脸。
奉请你们坐凳中，跑厨就把桌子摆。
摆了桌子要稳重，摆碗莫送桌子偏。

他的左手提木桶，右手拿勺舀汤来。
我们的酸菜无油盐不重，酸汤油少没得盐。
对情不起客大众，我们手长衣袖短。
耳朵扯不到口中，扯破耳朵不到边。
歌言慰劳众亲朋，名誉丑去到永远。

4.

做客来到我们处，你到我家做客来。
贺喜你抬银坨坨，你们大众费心难。
礼行抬来费心苦，把你费心费力难。
银钱花费了无数，好情我记在心边。
本来应该要杀猪，八大六小来招待。
家下贫穷做不出，抱愧自己家贫寒。
饭菜差再少酒喝，心里总要想宽怀。
怠慢众客我清楚，韩湘哑子吃黄连。
总要耐烦心莫火，你们好情记永远。

5.

做客来到我们处，贺喜来到我们边。
你们费力多辛苦，抬来全都是重担。
礼行抬是金银坨，让我打开一看是花边。
银钱花费了无数，你们情义似海宽。
差我没有什么做，自己方面不方便。
家下贫穷又寒苦，贫穷寒苦做不全。
又少酒来又少肉，对人不住要心宽。
饭菜差了声莫做，宽宽地想远远看。
后辈舅爷你辛苦，姊妹上班姑娘在。
新旧亲朋请自主，饭菜差了要宽怀。
皇上也有穷亲做，甲乙丙丁不能全。
歌唱圆边对不住，填言不到那么宽。

6.

做客你们受了苦，贺喜来到我家堂。
礼行钱币抬得多，费力四下亲朋广。
我们贫穷很恼火，饭菜差差把客当。
想做没有什么做，算盘打尽无搞场。

你看这——

灶膛烧这生柴火，火燃不起吹得忙。
拼命吹火费力多，办法用尽搞慌张。
厨房里尽是烟雾，搞得厨师眼睛黄。
加上灶头歪秃秃，锅子小小满满装。
酸菜酸汤一起合，白菜青菜一锅汤。
清水着下一锅煮，还没烧开就来装。
豆腐没有得一坨，酸汤无油盐不香。
众位客人声莫做，加客差了你们不要放心上。
回去莫讲我啰唆，搞坏名声传得广。
你们情大我清楚，好情记住在心肠。

7.

做客来到我家中，贺喜来到我家来。
担子抬来把礼用，花费很多的银钱。
多谢你们礼物重，奉承几句在此间。
今天日子吉日红，选得太安配留连。
天月二德一齐拢，紫微高照日长远。
黄道吉日当选用，真是大家的荣华富贵好双全。
要让你们四海扬名名声重，富了上辈到你来。
接接连连富贵中，堆金积玉仓仓满。
再让龙生龙来凤生凤，好似井水的流源。
天赐麒麟贵子送，人丁发旺富登天。
春天花香紫上红，富贵名声万古传。
福如东海深水浓，各位寿老比南山。
奉承歌言必有用，荣华富贵万千年。
事实依我吉言中，一点不能来走偏。

# 第八章　祝贺歌

## 一、双喜宴席祝酒歌

黄道吉日接妻室，椿萱并茂红日开。
娘怀苦累养女子，分离从那心肝来。
陪情桌上摆肉酒，八碗甜酒桌上摆。
盘上切肉不断丝，亲戚关爱心相连。
礼仪三杯香在口，八杯喜酒有根源。
一碗要拿敬天斗，天上星斗下凡间。
三星高照家里头，荣华富贵好双全。
地脉龙神两碗酒，两碗这样来分开。
青龙白虎来得有，朱雀玄武都拢来。
祖宗三代国亲师，三碗要来敬家先。
庇荫保佑儿孙子，保佑平安又发财。
四碗要送红媒苦路走，让我两家把亲开。
甜嘴有盐又有油，金玉双星配团圆。
五碗送亲娘也有，嫁女费钱千千万。
长大嫁到这里留，发达兴旺万千年。
六碗要送后辈舅爷亲根子，后辈亲亲大如天。
苑大发来青油油，好木好树发满山。
七碗要送姑娘姊妹费心有，贺喜抬来大礼财。
刮烂脚腿肉皮子，辛苦再要费力添。
八碗众人大家有，庆贺主家把亲开。
发如鱼虾海中游，荣华富贵好双全。
亲戚两家望长久，各位寿老坐百年。

## 二、拦门祝酒歌

做客来到你家中，礼行少了怕出头。

东家迎接把礼用，桌上摆了三杯酒。

三杯三碗摆出众，一杯拿来敬星斗。

第二杯，地脉龙神要进贡，天大地大人人知。

第三杯，要送家先写在红纸中，宗亲五代四杯有。

花烛喜酒得好天月二德都在中，德星高照日长久。

福如东海深水浓，各位寿老坐白头。

今天日子缘法重，真是你的荣华富贵双全有。

你们从今以后四海富裕扬了名，富了上辈代代留。

接连跟着富贵中，堆金积玉仓仓有。

今日双龙来出洞，金玉双星配长久。

算好危日光彩红，好在太安配留连。

龙生龙子凤养凤，水井大大清泉流。

喜气大来如雷轰，现在是喜乐悠悠。

天赐麒麟贵子种，到了明年又转周。

让你们一半背来牵手中，名高书大扬名知。

让他真的通情达理有大用，明德至善仁孝有。

春到花香多人朋，人发财旺万古留。

奉承歌言必有奉，荣华富贵得长久

事实跟我吉言中，一点不能来偏走。

## 三、插香过礼祝酒歌

插香过礼我家中，过礼你们到这边。

叔爷伯子一大众，亲戚六眷完全来。

过礼略略把礼用，桌上酒肉放三碗。

三杯三碗礼行重，一杯拿来敬上天。

地脉龙神敬进贡，天大地大要知全。

祖宗写在纸上红，国亲师位是家先。

二杯敬送红媒公，把我们把大路开。

你做红媒耽误工，丢工了日也不管。

挖成水渠在此中，帮我二面架天杆。

抬起锄头去开工，开通井水流清泉。
开亲结义情有浓，亲戚两家望长远。
三杯亲家我要送，人等房族都优待。
过礼你们费力重，大家都把重担担。
银钱包在红纸中，打开全部是银圆。
再有甜酒香酒送，又有粑粑和糖烟。
猪肉猪腿抬得重，钱米花费万万千。
我们大家来相逢，三班老少心喜欢。
福如东海深广雄，各位寿老比南山。

## 四、劝酒歌

1.

吃酒同桌你们大，发亮明白心开通。
只做样子喝嘴巴，喝大只是一点浓。
我的如同垮堤坝，两碗真的满冬冬。
夹肉选到大的夹，贪嘴贪吃我贪雄。
是人见了心里骂，好像豺狼的凶猛。

2.

满花小酒当客大，选那大大好酒量。
清甜美酒香味发，瘾大才吃得四两。
安排整我倒桌下，急急拿罐又来唱。
满碗平平我也怕，哪个吃得哪个当。
辞别这碗再一下，吃饱酒醉摆桌上。
留财留喜留得大，朝朝代代有米粮。
一层歌来一层话，望上前程儿成双。

3.

这些酒是各人烤，不是用钱拿去买。
清甜有味不得了，还没喝尽就来添。
吃醉完全剩打交，交送主家收起来。
荣华富贵发得好，五男二女坐团圆。

4.

吃饱各人剩转退，退转倒在那洋瓶。　　洋瓶：过去的玻璃瓶。
吃酒同桌众有味，哪个肯吃帮担承。

众人听我讲一句，脏了莫怕见真情。
留财留喜万万岁，荣华富贵好子孙。

5.

要留一碗酒，要退一碗肉。
主家不知去何处，要取两碗留主人。
先留后饮无错误，免得人讲不懂情。
我们同吃这一桌，哪个吃得哪个饮。
少也甜来醉也多，拿碗吃酒笑盈盈。
添福添寿添喜乐，把人言吉言自身。
儿女高上坐满屋，快活快乐坐凡尘。

6.

要取两碗留家堂，两碗酒退留东家。
大家也要莫忙胖，听我还有两句话。
有话要有好商量，听从号令方可达。
养儿成对子成双，家财富裕人丁发。

## 五、祝寿歌

1.

人众聚齐家宅下，大家欢聚共一堂。
主人客人一屋大，都是亲戚亲乡党。
用歌商量你莫骂，若或不对莫孬想。
有话在心你不挂，不肯讲出大家享。
絮絮叨叨讲小话，耳朵闻听不知详。
听歌要听明白下，才知你唱什么讲。
今日某月某日大，吉星高照多明朗。
太白金星亮霞霞，耀眼夺目人舒爽。
预兆吉祥光辉大，象征报信大吉昌。
阿某生日祝贺他，某十某岁寿年当。
脚腿气力时常大，直上一百没影响。
坐到一百不算话，一百再多四五双。
福如东海水广大，寿比南山不老樟。
我们欢喜笑哈哈，祝愿老某身健康。
歌言不是乱扯夸，跟上吉言跑忙忙。

2.

歌言我要唱一首，多唱一首喜盈盈。
我的阿某过生日，某十某岁寿年成。
举办一桌祝寿酒，祝寿甜酒今日请。
酒的香气冲北斗，香透四海水龙神。
各位亲朋和好友，四面八方都来临。
礼物礼品抬在手，花费很多的金银。
喜炮放来如雷吼，烟雾直上冲天云。
好情我记一辈子，以后返转再陪情。
抱愧各人自害羞，对人不对各友亲。
请浓吃淡心莫忧，宽想远看心莫冷。
感谢你们奉承有，帮助歌唱在堂人。
都是大人君子口，好话要等你们云。
一个帮言一阵子，增福增寿坐千秋。
好情记住在心头，记在肚肠记在心。
交边歌唱把言收，应了大家吉言浓。

3.

轮到我又把歌出，到我人呆叨两句。
某月某日喜事做，黄道吉期过生日。
某十大寿刚满足，上到百年的路走。
儿孙满堂笑呵呵，四代同堂一家子。
亲朋四下都来祝，左邻右舍来得有。
有说有笑在堂屋，欢聚一堂乐悠悠。
我也到此来祝福，少了礼行出了丑。
唱歌几句做礼物，奉承几句报你知。
祝你长寿万千古，荣华富贵去得久。
儿孙靠你为头目，引去光明大道走。
越走越去越快活，发展繁荣千万秋。
从此宽心得幸福，越坐越得寿年有。
交边歌唱把音住，吉言印证不得走。
以后日子如彩图，发如东海水长流。

# 六、祝龙歌

**1.**

> 扫家扫宅接龙到，扫堂扫殿接龙来。
> 祖公祖婆坐夯告，也都盼望五龙仙。　　夯告：火堂尽头的中柱神壁。

**2.**

> 接龙我接勤劳龙，懒惰的龙不要它。
> 红龙滑坡不能用，不要它来到我家。

**3.**

> 勤快好龙打包锣，吹起唢呐和喇叭。
> 好龙进家保福禄，白猪花鸡供奉它。

**4.**

> 勤快好龙进家中，鸡肉吃饱醉酒乐。
> 卧在堂屋的龙宫，千年万代福寿多。

**5.**

> 千年万代保得住，保家护宅到永远。
> 天天也进金银坨，荣华富贵坐安然。

# 七、十贺十喜歌

> 今日要转回家堂，住了三天又两日。
> 热情招待我面上，又送肉来又送酒。
> 肉饱酒醉把歌扬，祝贺主人唱一首。
> 一贺一喜传名广，一举传名天下知。
> 二贺二喜自然强，紫微高照新北斗。
> 三贺好比关云长，三人结义得长久。
> 四贺四喜四发扬，四季发财乐悠悠。
> 五贺五喜状元郎，五子登科状元子。
> 六贺家内大吉昌，六畜兴旺家门有。
> 七贺七姐下凡阳，七星高照家里头。
> 八贺还有八仙堂，八仙漂闹家门口。
> 九贺还有九成双，九天玄女同来此。
> 十贺还有十元良，十个元良出君子。

祝贺全家坐安康，寿比南山多福寿。

十贺十喜发得长，人财两旺发得久。

## 八、接龙贺喜歌

### 1. 客人唱

贺喜我来把歌唱，表达几句话心中。

二月属猪日吉昌，天时地利都来朋。

好日才把好事当，好事你家来接龙。

接得龙神到家堂，龙凤麒麟到家中。

热闹无比喜洋洋，练宝练在龙王宫。

保护全家身健康，寿比南山不老松。

发如鱼虾游海江，兰桂腾芳喜融融。

银水如江进家仓，财喜进家大富翁。

千年万代把福享，代代美好乐无穷。

吉言我在今日讲，马上发达大兴隆。

### 2. 主人还

跟着你的唱歌音，一点也没往偏走。

你是后辈舅爷亲，后辈玉牙开金口。

舅爷的话讲得清，口内有盐嘴有油。

你们到家贺龙神，光临寒舍家里头。

礼行你抬多得很，费心费力把我走。

又抬钱币和金银，金银钱币都抬有。

龙神也爱你来临，麒麟也爱你舅舅。

你唱一首发十层，一直发到九百九。

我好你也好繁荣，荣华富贵得长久。

## 九、团圆贺喜歌

红门大喜在家中，满门盈户坐家堂。

齐了很多高师众，都是龙身虎驾都登钢。

男女都有高才用，满满都是唱歌郎。

贺喜主家唱歌送，各人面上各人讲。

到我又来唱一笼，贺喜东家幸福长。

一贺主家富贵重，一门老少平安康。
二贺双喜龙配凤，龙凤双双都呈祥。
三贺三星堂屋中，在户三星照吉祥。
四贺四官财源奉，四季发财如水涨。
五贺五子登门送，五子登科状元郎。
六贺牛羊满栏中，六畜兴旺发满场。
七贺七星明亮红，七仙姊妹子孙养。
八贺主人家声重，八仙聚会在家堂。
九贺九品官员中，九品官位万年享。
十贺十全十美用，万贯家财满满装。
十一十二来合从，荣华富贵轮轮长。
我唱这些都有用，富贵以后不能忘。

# 第九章　古礼拾遗歌

## 一、古代媒人歌

1.

梁文王养个独儿子，奶名叫做梁巴山。
长大要把讨妻室，莫误年轻好世界。
请动木豆当、西太后，有言有请你们来。
炒肉请吃一餐酒，紧吃紧饱吃不完。
穿那锦袍绸褂把路走，坐上轿子八人抬。
九天十夜武王留，讨亲才得话真言。
三班老少来得有，兄弟堂亲满所愿。
姐妹二人都要否，两个都要送你来。
他们才杀猪杀羊送媒子，王记看起红媒差。
喜爱亲家一腿留，尾巴长有五寸间。
头肥耳大归媒有，回去过秤称得二十三斤酒八盘。

2.

大的是姐小是妹，共父共母两同胞。
两个美女生得佩，身上再穿衣锦袍。
主子重名才起意，看见美女心中潮。
夜里不眠不肯睡，鸡叫头遍起早早。
请人到家来坐议，他讲你们要一心把我去打交。
路远天长也要去，自愿坐车扒船艄。
木豆当，五天不到门外地，过去做媒本也巧。
回来他才编话扯夸皇帝，他讲人家还是不肯许送如何搞。

杨五三，怕你一人讲了不为叙，
猎狗撵肉要两只，媒人走路要两道。
太后灵活在后追，能干好比剃头刀。　　　太后：相传远古时期媒人的名字。
开通楼门里面去，开门招呼客来早。
倒水倒茶送他吃，招待客人不得了。
西太后，他们这才做媒送皇帝，帮助梁王把亲讨。
响起爆竹门外地，几万爆竹叮当烧。
杀猪杀羊送他吃，才得一餐肉平搞。
作歌唱来归老例，作来就是红媒了。

3.

要把古典媒人唱，廖家达寿牵马爷。
要去讨亲梁文王，要去武王求小姐。
说合成亲才像样，门当户对红庚写。
姻缘要等天生降，明年有儿喊娘也。

4.

难为媒人帮打通，娘婆二家把亲走。
为帮开亲耽误工，丢工又了工日子。
开渠引水灌田中，帮我二面架天沟。
才拿锄头去开工，开通好井水源头。
到期花烛吉日红，夫妻恩爱得长久。
情重不忘红媒公，代代记情记心头。

5.

媒人你也修通道路修整齐，修成道路大又宽。
我们开亲来结义，好亲结下把你难。
修桥把你心劳累，冬夏热冷又熬寒。
好情记在心中内，写在本子书中间。
你的良心修好我们记，坐比古老的寿年。
我们空口来谢你，只用嘴巴把恩感。
送你一分钱来表心意，表个心情在此间。

### 6. 媒人自谦歌

感谢宾主对媒言，抬举介绍重情数。
吉席喜酒配良缘，五百年前同守护。
介绍我是来讲这浓台，自愿双方把亲做。

男婚女嫁自古传，女儿一世不能同父母。

解放变了新世界，喜配良缘自己主。

自觉自愿才喜欢，举案齐眉千万古。

7.

坐席作歌表情意，各位亲朋要管他。

宾主抬举坐正位，感谢二姓娘婆家。

朱陈合好来婚配，自愿说合喜酒呷。

天生一双配一对，前世姻缘才相也。

射中雀瓶大吉利，万代荣华富贵花。

鸾凤和鸣来比翼，椿树暮云做一家。

双双合好百余岁，兰桂腾芳坐满家。

凤毛齐美很美丽，人财两旺长青丫。

金口玉牙讲得对，跟着我的吉言发。

8.

把我媒人看得开，把我看重看得有。

我到你家找发财，跟着新娘来饮酒。

你们又送裤子来，钱币送在我的手。

又送猪头在前面，你们不要冷心头。

提转猪头把家转，儿孙看见笑悠悠。

搭你得了肉几餐，本也好吃浓在口。

吃了赶快又去骗，总是媒人讲夸口。

# 二、开天立地远古歌

自号狂言紧乱吐，不顾羞耻是人呆。

要唱古人怕搞组，差错众人帮修改。　　　　组：方言，指偏。

那时候啊——

天地连合做一坨，日夜不分黑暗暗。

开天辟地出盘古，斧斧相凿才得开。

好似鸡蛋打开做两组，气之轻轻上为天。

重的下沉成土地，才出三皇五帝治乾坤。

五行金木水火土，造化万事万物万万千。

天皇十二人头数，地皇生下十一男。

人生于寅，九个人来兄弟做，九地发育无疆边。

我们从前没衣裤，元始初初如猴猿。

坐在山洞里头住，野兽风雨坐不安。

有巢氏构木为巢是他午，开创起屋坐起来。　　午：方言，指做。

过去从前没有火，要菜要饭才知难。

燧人氏看见鹰隼来啄木，钻木取火到凡间。

轩辕皇帝制衣服，养蚕织布种了棉。

是人欢喜笑呵呵，从此以后有衣穿。

共工氏兵败个人心恼火，发怒头触不周山。

这样天塌了一坨，西北天上破好宽。

女娲炼石才来补，五色岩浆补天来。

男女成配是她来为主，绳索抖那泥巴点。

人类不明会算数，是用结绳把数算。

伏羲氏改变结绳才造书，六合八卦有书翻。

仓颉他才按照象形文字来写出，忠信刻木做印版。

无父婴儿实在苦，后稷母亲叫姜嫄。

养出婴儿丢下土，她是看见巨人脚印才怀胎。

种瓜种菜他先做，教人种地搞生产。

从前义吉造酒喝，以后杜康醉流连。

黑风黑云起黑雾，不明方向造指南。

尧舜还有很多古，要讲大禹治水十三年。

时常不唱这门古，好像荒土长草来。

若是有的我搞组，靠你在后帮修改。

## 三、分姓氏定居歌

堂中听我把歌摆，要唱从前的古典。

这是要理话根块，从前过去的根源。

蚩尤苗汉才分开，才分客苗坐两边。

炎帝坐在黄河把他赶，兵败如山跑出来。

坐到泸溪又被撵，跑到湘西大高山。

一同来到吕洞山，一起来到十字排。

商议结社把酒摆，要建鼓会庆团圆。

立家首先是得兰，他坐磨刀磨得快。

守在他的姐妹边，天还没亮就分开。

天还没亮分出来，分到帮柔大高山。

一名一姓来分开，一父一子分出来。

吴姓头苗他在先，三宝三贵在营盘。

吴金吴银立在排碧到黄岩，背干背锤卧龙坪。

龙家的补莎他也在后赶，补首补叫一起来。

立在矮寨坡头到夯斩，得壤留信他立先。

立到牛角到让烈，大召补美洞冲寨。

廖姓廖姓很勇敢，立宁立在杆子坪。

石家的老人是大钱，翁家巴标共母胎。

欺骗老弟冒火烟，巴标倒转地楼板。

他柔秋柔吾祖先，补毫芷耳坐高山。

阿首阿油立到岩罗寨，小弟他保在便绒。

一个麻家他——

阿兰卡绒立到九板九水是真才，坐在吉卫宽地盘。

一个施家他——

阿梅卡夯大兴寨，夯然加卡在此间。

再有一个石家他——

老人四古是好汉，背首背闹雷公摆。

得江巴拔坐夯寨，立到翁科大谷川。

补齐兄休坐对面，立到补共苟主安。

再有一个龙家他——

大人老半有才干，九十九岁老英才。

他养他米让能立到溜豆共穷那一线，达卡坐在吾茶山。

几都板久坐半山，腊乙补奶坐分开。

梁家他坐到水田，坐在五绒板休寨。

讲到一个田家他——

立到蓬湖沙科寨，坐在紫花路中间。

杨家登千和登万，孔兰孔谢兄弟贤。

杨孟杨子立到禾周篓痛路中间，七寨杨家都坐满。

一同迁徙一起来，一十二父十二子都立完。

坐在保靖到花垣，古丈默绒一条线。

泸溪坐到腊尔山，以下坐到十应街。

贵州松桃和四川，自治县属铜仁管。

云南省内有一点，讲话声音不同言。
世界各国都坐遍，苗族人众几千万。
完全都发坐满满，发如鱼虾大洋海。
不同姓氏把亲开，开亲结义常往来。
前朝有例不可免，后朝礼仪尽可言。
通书里面我不全，我唱这些——
不知同不同古典？

# 四、近古歌

1.

谈今讲古人人爱，什么古话你讲完。
过去从前都讲遍，如今又要唱歌言。
我们都是蠢呆的人本很欠，要讲古话讲不来。
齐人满家一大片，尽是通情达理开。
讲起前朝并后汉，讲到开天说从前。
不会重复把话念，在后唱歌陪你来。

2.

龙父凤母是古话，以后生下凡间人。
养儿养女满天下，他是人类祖宗神。
天下的人是他发，凡间人类是他生。
养出得抓和得卡，他的计谋实在深。
才把龙父凤母杀，破开肚内得书本。
得抓真的谋心大，他坐大街大市城。
得兄才拿柴刀把，相邀建家立园奔。
理着河滩上山崖，一同来到泸溪登。
结社建鼓遭灾大，上到湘西大山林。
来到占求才议话，把话讲开了一层。
酿成九十九缸酒水甜酒花，甜酒舀送遍六亲。
九十九腿长凳大，坐上男子和女人。
苟木苟处肉官霸，报窝保命又保魂。
甲架报客到四下，建鼓结社在高岭。
跳完鼓歌才分家，一些走去一边行。
分支分姓分爹妈，分姓分名在此分。

3.

分姓分名在此分，全部有书送人翻。

你们伶俐讲好听，讲话一点也不偏。

一十二姓的祖根，完全得好坐安然。

得兰他坐补共岭，夯共达雷建家园。

吴家本是勇敢人，几溶窝哭是他安。

吴金吴银坐在便滚排碧到四新，背锤吾岭是背干。

龙家他坐在流兴，苟隔板录到夯斩。

打弄达瓜坐在洞冲村，补梅抓叫他们摆。

廖明坐在得石应，廖姓坐在干子排。

石家大钱是老人，便绒夯图安家园。

徐家巴标他子孙，大哥又把老弟骗。

徐家他去立便青，巴标倒转地楼板。

还有兄弟大几人，阿首阿油共母胎。

阿首坐在岩罗村，秋柔坐在芷耳排。

麻家他坐久板久水到卫城，坐在九里那一边。

再有一个石家，

四古养得多子孙，八个子孙都有才。

翁科连到好地坪，窝抓又立到夯寨。

背首背闹雷公村，豆子坐在路上边。

话讲施家的大姓，老首老远坐苟先。

田家坐花砂科坪，再有选到朋吼安。

再有老毕好大名，九十九岁好英才。

坐下几个好子孙，让能坐到广车连。

剖豆达卡吾茶岭，几都半久坐半山。

腊乙补奶两边分，好田好地好遍山。

梁家坐在默绒镇，一面又立到水田。

杨孟杨子路中心，七寨杨家都坐满。

发如鱼虾多得很，不同姓氏把亲开。

我唱不好说不清，在后帮我来填言。

4.

坐席齐了十二家，五宗七族都齐拢。

讲了窝柳又窝瓜，麻家讲到施家总。

田家梁家和廖家，一十二姓都讲通。
谈今讲古这些话，讲得全面人人懂。
没有一层送我搭，在后唱歌来陪同。

5.

一十二姓都讲齐，在后填言把歌云。
不知对话或不对，不对也唱他几声。
卡必连接到锁里，麻家的人勇猛很。  卡必、锁里：地名。
夯然加卡他去立，杨家代代出狠人。  夯然加卡：地名。
吴王坐在冬马最，立在豆军这山岭。  冬马最、豆军：地名。
得抓得卡都拢齐，立到板柔隔抓兴。  得抓得卡、板柔隔抓：地名。
苟先苟便是他的，还有帮交和帮金。
徐家他坐在哪里，他下龙潭虎穴深。
得让留兄哪个立，龙家父子做主人。
田家立在朋吼安，坐在紫花路当心。
梁家他去水田溪，安家建园久爬村。
大家开亲来结义，依照梁王来开亲。
人间的古理不齐，差错哪堂莫多心。

6.

桌子摆在堂屋里，今话古话讲起来。
话讲水陆到旱地，五宗七族都理全。
泸溪理上游河溪，现在坐有老祠岩。
举脚走到太平地，七位都走凤凰安。
开山凿路山间理，上那陡坡十足难。
走到矮寨的山背，悬崖绝壁冲登天。
女人接起长布匹，男人接起树藤缠。
便绒夯图在一起，是人看见为了难。
举脚走到板走地，起屋几栋做一连。
大歌挖得好井水，隐藏不让老弟见。
大哥本是巧心里，看见他的心胸怀。
丢家丢园留给你，送你好去把荒开。
老弟弃家走急急，一点都没有翻脸。
巴标喊他回家里，一路追着一路喊。
我也起成五间瓦屋齐，夯告倒转祖宗安。

这样什么都好去，各人各自都好全。
石家过去的经历，过去从前的根源。
讲完不知对不对，圆边不到那么全。
把话奉承主家喜，虎生贵子跳龙潭。
歌唱圆边到这里，荣华富贵得长远。

## 五、踩门歌

好事报信到我家，闻信喜欢在心里。
急急忙忙一早下，忙了一早最吃亏。
邀集弟兄叔伯大，房族人等都邀齐。
集中款子百上下，摆在茶盘也很美。
爆竹也买得一挂，烧起也可响一会。
抬来粑粑不值价，人大生蠢没得力。
上坡一脚踩打滑，粑粑滚下悬崖去。
抛撒滚落下山崖，不知掉走去哪里。
一阵狂风吹来大，纸洋吹散如鸟飞。
飞得远远没有法，飞进山林草丛里。
上登坡头歇一下，大家相议坐休息。
吃烟爆竹都爆炸，半路失火都炸毁。
老弟哥兄来相骂，年轻统统发脾气。
我才讲——
错了索性莫讲话，相骂不能来讲理。
人家贺喜做客事情大，只有前进不可退。
这一次才成空空入宅不成话，做客只拿一张嘴。
来到门边礼行大，莫想肉味进口吃。

纸洋：方言，指纸币。

# 后 记

笔者在本家 32 代祖传的丰厚资料的基础上，通过 50 多年来对湖南、贵州、四川、湖北、重庆等五省市及周边各地苗族巴代文化资料挖掘、搜集、整理和译注，最终完成了这套《湘西苗族民间传统文化丛书》。

本套丛书共 7 大类 76 本 2500 多万字及 4000 余幅仪式彩图，这在学术界可谓鸿篇巨制。如此成就的取得，除了本宗本祖、本家本人、本师本徒、本亲本眷之人力、财力、物力的投入外，还离不开政界、学术界以及其他社会各界热爱苗族文化的仁人志士的大力支持。首先，要感谢湖南省民族宗教事务委员会、湘西州政府、湘西州人大、湘西州政协、湘西州文化旅游广电局、花垣县委、花垣县民族宗教事务和旅游文化广电新闻出版局、吉首大学历史文化学院、吉首大学音乐舞蹈学院、湖南省社科联等各级领导和有关工作人员的大力支持；其次，要感谢中南大学出版社积极申报国家出版基金，使本套丛书顺利出版；最后，还要感谢苗族文化研究者、爱好者的大力推崇。他们的支持与鼓励，将为苗族巴代文化迈入新时代打下牢固的基础、搭建良好的平台；他们的功绩，将铭刻于苗族文化发展的里程碑，将载入史册。《湘西苗族民间传统文化丛书》会记住他们，苗族文化阵营会记住他们，苗族的文明史会记住他们，苗族的子子孙孙也会永远记住他们。

本套丛书有无数先人的功劳，也有现在无数歌师、歌手的功劳。本应在此一一感谢他们，但由于苗族古歌创作、传承的渠道复杂、曲折，加上之前有关苗族古歌知识产权概念模糊，很多歌曲都是互传互转好几大圈后才到笔者手中，大多已无从考证其真正的作者了，同时也由于这些古歌的作者太多，根本无法列出，因此请求大家谅解。幸好，会创作苗歌、会传承苗歌、会演唱苗歌的歌师都是苗族人，都是同胞，都是叔爷伯子，都是兄弟姐妹，都是一家人，相信大家都能理解和原谅。借此平台，我们广泛地宣传苗歌文化，是一件为民族争光、为先人争光、为苗族文化争光的事。衷心感谢有名的、无名的、健在的和已逝的广大歌师的智慧结晶。他们艰辛创作，功莫大焉，流传千古！

本书《汉译苗族古歌》（第一册）除了部分说明、注释外，余下皆为歌词实录。由于对苗族巴代文化的研究还有待进一步深入，其中诸多术语、论断有可能还不够完善，还由于工程巨大、牵涉面广、时间仓促，错误在所难免，诚望读者海涵、指正。

浩浩宇宙，莽莽苍穹，茫茫大地，悠悠岁月，古往今来，曾有我者，一闪而过，何失何得？我们匆匆忙忙地从来处来，又将急急促促地奔向去处，当下只不过是到人世这个驿站小驻一下。人生虽然只是一闪而过，但我们总该为这个驿站做点什么或留点什么。瞬间的灵光，留下一丝丝印记，那是供人们记忆的。最后我们还得从容地走，而且要走得自然、安详、果断，消失得无影无踪……

编者

2019 年 11 月

图书在版编目（CIP）数据

汉译苗族古歌. 第一册／石寿贵编. —长沙：
中南大学出版社，2019.12
（湘西苗族民间传统文化丛书）
ISBN 978 - 7 - 5487 - 3823 - 7

Ⅰ.①汉… Ⅱ.①石… Ⅲ.①苗族－民歌－作品集－
中国－古代 Ⅳ.①I276.291.6

中国版本图书馆 CIP 数据核字（2019）第 257249 号

汉译苗族古歌（第一册）
**HANYI MIAOZU GUGE（DI-YI CE）**

石寿贵　编

| □责任编辑 | 刘　莉 |
| □责任印制 | 易红卫 |
| □出版发行 | 中南大学出版社 |
| | 社址：长沙市麓山南路　　　　邮编：410083 |
| | 发行科电话：0731 - 88876770　　传真：0731 - 88710482 |
| □印　　装 | 湖南省众鑫印务有限公司 |

□开　　本　710 mm×1000 mm 1/16　□印张 19　□字数 338 千字　□插页 2
□版　　次　2019 年 12 月第 1 版　□2019 年 12 月第 1 次印刷
□书　　号　ISBN 978 - 7 - 5487 - 3823 - 7
□定　　价　262.00 元